ABENTEUER POLEN 2001

VIVA ESPANA 2002

UNSERE REISE ZUM MITTELMEER 2003

Herstellung und Verlag:
BoD - Books on Demand, Norderstedt
ISBN 978-3-7448-0203-1

Horst Friese

Abenteuer Polen 2001

Abenteuer POLEN 2001

Tja, eigentlich kam mir die Idee, das Unterwasserschiff meines Motorbootes >ORION< Sandstrahlen zu lassen, schon vor ein paar Jahren. Der Farbaufbau musste erneuert werden, und der Spachtel, völlig überflüssig und großzügig aufgetragen, sollte abgestrahlt werden. Aber zwischen Idee und Ausführung lag eine gewaltige Diskrepanz. Theorie und Praxis!

Jedoch im Frühjahr 2001 war die Idee soweit gereift und das Unterwasserschiff so schlecht, das es kein "Wenn" und "Aber" mehr gab. Waren lediglich noch ein paar Fragen zu klären: "Wo?, Wie?, Wann?, Wer? und Wie teuer?".

Das "WO" war schon so eine Sache. Hier bei uns viel zu umständlich und zu teuer. Also das Nächstliegende war unser Nachbarland Holland, aber da habe ich die unterschiedlichsten Preise pro Quadratmeter erfahren. Dann kam mir die glorreiche Idee es mal in unserem anderen Nachbarland, POLEN, zu versuchen.

Aus dieser Idee und einer Unterhaltung mit meinem Kollegen Lothar, der sich in Polen und auch auf einigen Bootswerften unglaublich gut auskannte, kam dann der Entschluss, nach Polen zu fahren, und an Ort und Stelle Bootswerften abzufragen und Preise einzuholen. Gesagt, getan, mein Kollege Lothar und ich machten ein paar Tage Urlaub und fuhren nach Polen. Mit der Hilfe eines polnischen Freundes von Lothar gelang es, nach etlichen Telefongesprächen, Kontakt mit einer Bootswerft, die in Frage kommen konnte, herzustellen und einen Besprechungstermin zu bekommen. Bei der Besprechung wurde ein Quadratmeterpreis und ein ca.-Termin vereinbart.

Das "WO" war ja nun geklärt. Jetzt das "WANN": das war relativ einfach, Urlaub angemeldet und eingetragen. Sollte alles in 3 Wochen erledigt sein, mit An- und Abreise. Ich habe aber vorsichtshalber 4 Wochen eintragen lassen. War also auch klar!

Die Punkte "WER" und "WIE TEUER" waren ja so nebenbei auch schon im Groben geklärt.

Nun blieb also nur noch der Wesentlichste aller Punkte: "WIE?".

Dazu muß ich noch vorweg einige Fakten aufzählen: Das Boot, meine >ORION<, ist 11,00m lang, 3,30m breit, Tiefgang 1,00m und hat eine Durchfahrtshöhe von 3,50m bei einem Gewicht von 12 Tonnen, plus einer Tonne Diesel, hat 2 Fahrstände, einer im Salon und einer auf der Flybridge. Im Maschinenraum, der vom Achterdeck aus zu begehen ist wirken 2 80PS-starke Dieselmaschinen (wenn beide laufen) und bringen das Boot auf eine Reisegeschwindigkeit von ca. 8 Knoten.

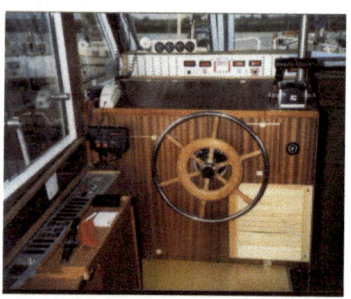

Eine entsprechende Reiseroute von Elsfleth an der Weser nach Stettin in Polen festzulegen war auch kein Problem. Unter Berücksichtigung von Tiefgang, Durchfahrtshöhe und zu durchfahrenden Schleusen war das alles machbar. Nun ist es sicherlich, wenn auch nicht immer einfach, möglich so ein Boot alleine zu fahren, ist aber wirklich nicht mein "Ding". Also ergab sich die Frage wie komme ich mit dem Boot nach Polen? Ich war zu der Zeit "Solo". Aber wie des Öfteren im Leben , so spielte auch hier wieder mal der "Zufall" die große Rolle.

Kurz vor meiner großen Abklärerei wegen Sandstrahlen und so, bekam ich eine neue Kollegin, die, wie sich schon bald herausstellte, auch Boot fuhr und sogar auch ein Boot hat. Wir unterhielten uns so ab und zu , auch über die Bootfahrerei und über meine Pläne mit dem Sandstrahlen.

Als ich so alles auf "die Reihe" hatte und Ute, so hieß die nette Kollegin, so erzählte das ich eigentlich "nur" jemanden finden müßte, der mit mir und meinem Boot nach Polen fährt, sah sie mich an und fragte wo das Problem eigendlich sei? Sie führe mit, ganz einfach, wenn ich einverstanden wäre. Ich muß wohl ganz schön doof ausgeschaut haben und habe "ja" gesagt. Am nächsten Tag habe ich erst mal nachgefragt ob das ihr Ernst war. "Natürlich, was denn sonst" war die Antwort. Ich war richtig aus dem Häuschen.

Das "Abenteuer Polen" konnte in Angriff genommen werden!

Nun, so einfach war das alles auch wieder nicht. Formalitäten mußten erledigt und der Hund, ARON sollte natürlich mit, geimpft werden. Das Schiff wurde ausgerüstet und total durchgecheckt. Die Reiseroute wurde noch mal durchgespielt und festgelegt:

Von Elsfleth sollte es losgehen, die Weser hoch bis Minden. Dann weiter durch den Mittellandkanal bis zur Elbe. Die Elbe ein Stück Elbe abwärts und in den Elbe-Havel-Kanal. Weiter durch den Wendsee, Plauer- See, Quenz-See, Breitling-See in die Brandenburger Niederhavel. Weiter in den Silokanal, dann in die Havel. Weiter sollte es dann in den Oder-Havel-Kanal gehen und von dort aus in die Oder-Havel-Wasserstrasse. Die weiterfahrt sollte dann über die Hohensaaten-Friedrichsthaler-Wasserstrasse gehen, dann weiter durch die Westoder, Klützer-Querfahrt, Gr.Reglitz zum Kl. Dammschen See, wo unser Ziel lag.

Wie wir zurückfahren wollten ließen wir noch offen. Würde am Wetter und an sonstigen Umständen liegen. Ob wir über die Ostsee, den Nord-Ostsee-Kanal, Nordsee und Weser, oder wieder über Flüsse und Kanäle die Rücktour machen wollten ließen wir noch offen, sollte in Polen entschieden werden.

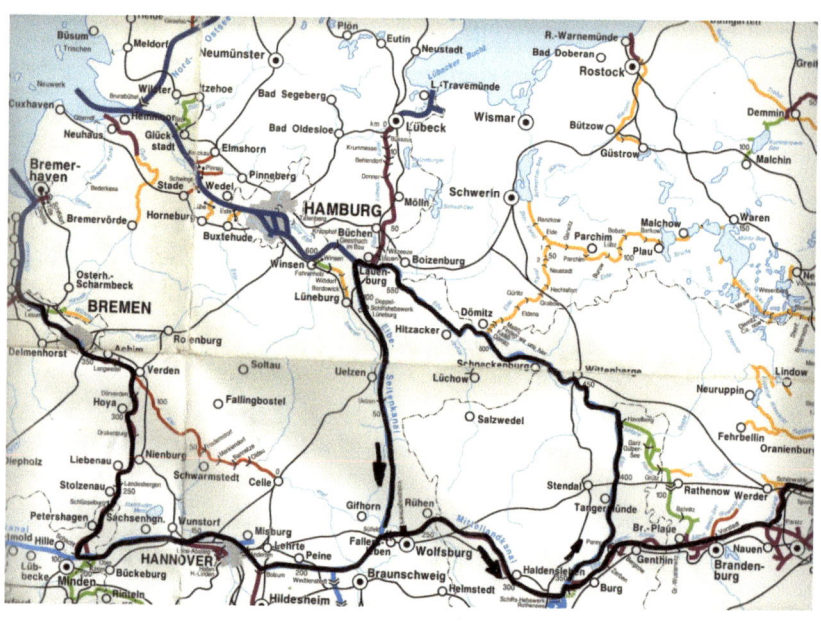

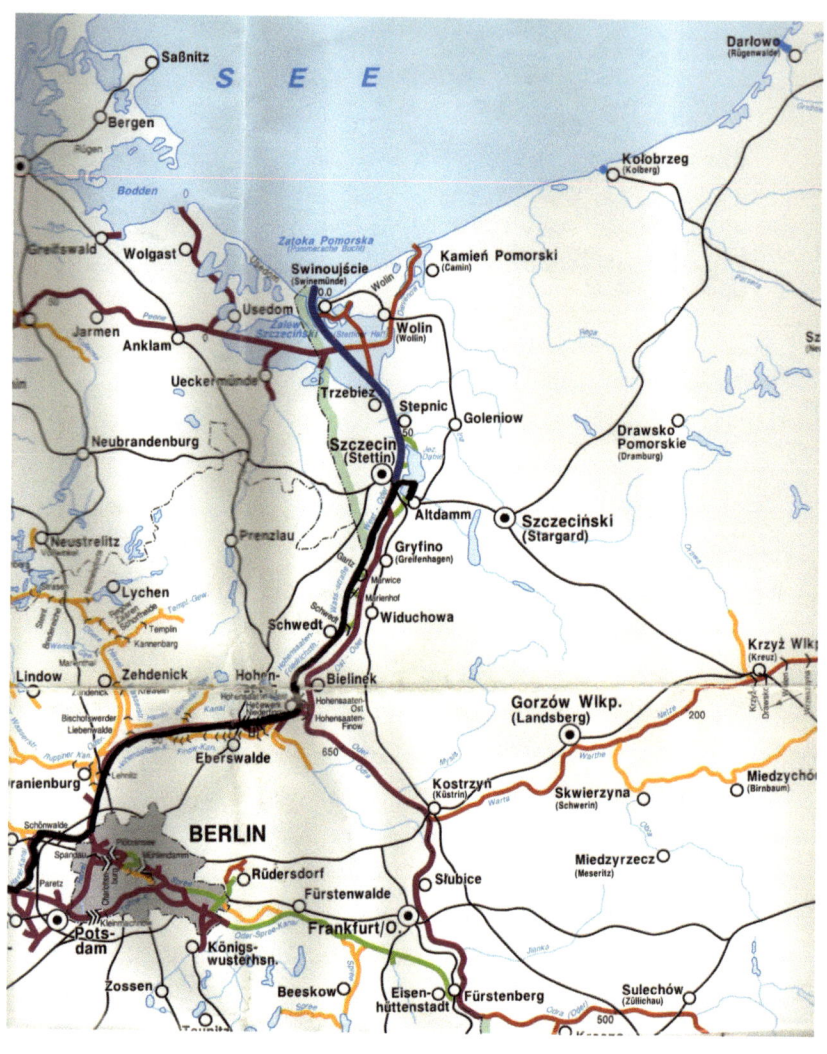

Per Fax wurde der Ankunftstermin zur Werft in Polen durchgegeben. Wir hatten also 9 Tage Zeit um zum Ziel zu gelangen, dürfte also kein Problem sein.

Am Freitagabend, den 15.06.01 sind wir, d.h. Ute, Aron und ich, unter Mitnahme der letzten Ausrüstungsgegenstände, an Bord gegangen. Am

Samstagmorgen, den 16.06.01 ging dann die Reise los, und somit nahm das "Abenteuer Polen" seinen Lauf. Nach Passieren der Schleuse Elsfleth um 07:30 Uhr drehten wir das Boot in Richtung Bremen. Das erste Ziel war der Yachthafen in Dreye am Wieltsee, den wir nach Durchfahren der Schleuse Hemelingen erreichten. Dort waren wir mit Freunden verabredet.

Am Sonntag, den 17.06. ging es dann richtig los, wir fuhren weiter in Richtung Minden. Zunächst durchfuhren wir die Schleuse Langwedel, danach kam die Schleuse Dörverden. Da am Sonntag die Schleusenzeiten nicht durchgehend waren fuhren wir bis zur Schleuse Drakenburg und machten vor der Schleuse am Sportboot-Anleger fest. Alles lief optimal und Ute gewöhnte sich so langsam aber sicher auf der >ORION< ein, Aron auch.

Nach der Übernachtung vor der Schleuse Drakenburg fuhren wir am 18.06. weiter in Richtung Mittellandkanal. Das Wetter war etwas gemischt, aber nicht schlecht. Alles lief ruhig und wir kamen gut voran. Da wir in Polen einen festen Termin hatten konnten wir uns auch nirgendwo lange aufhalten, im Gegenteil, wir mußten uns ganz schön ranhalten, denn wer wußte schon was noch alles auf uns zukommen sollte.

Das Erste, was dann auch prompt kam, waren nicht Probleme mit den Schleusen, bei denen alles wunderbar geklappt hat, sondern die Stb-Maschine: hinter der Schleuse Landesbergen, die wir gerade passiert hatten, war die erste Reparatur fällig: Ölleitung der Stb-Maschine am Ölfilter undicht, Ölverlust! Leitung neu abgedichtet und Öl aufgefüllt, fertig, konnte weitergehen. Nachdem wir die Schleusen Schlüsselburg und Petershagen hinter uns gelassen hatten, kamen wir zur Schachtschleuse in Minden. In dieser Schleuse wurden wir auf die Höhe des Mittellandkanals gehoben, auf dem wir dann noch bis Seelze fuhren. In Seelze erneuerte ich noch den Simmerring der Bb-Seewasserpumpe.

Nach einer ruhigen Nacht im Seelzer Yachthafen ging es dann am 19.06. weiter in Richtung Polen. Nach der Schleuse Anderten und der Schleuse Sülfeld kamen wir nach Wolfsburg, wo wieder eine Übernachtung fällig war. Weiter ging es dann am 20.06. über die Schleusen Rothensee zur Elbe. Von der Elbe fuhren wir in den Elbe-Havel-Kanal, durchfuhren die Schleuse Negrip, weiter bis vor die Schleuse Zerben, machten fest, und Ruhe war.

Am nächsten Morgen fuhren wir dann weiter, durch die Schleuse Zerben bis nach Genthin, wo wir zum Einkaufen kurz festmachten. Nach dem Einkauf fuhren wir weiter , durch die Schleuse Wusterwitz bis zur

ESSO-Station in Brandenburg und bunkerten 500 Liter Diesel. Danach gings weiter , durch die Schleuse Brandenburg in den Havelkanal, dann durch die Schleuse Schönwalde bis nach Nieder-Neuendorf, wo wir unsere >ORION< festmachten.

Am Freitag, den 22.06. um 10:00 Uhr gings weiter. Um 13:00 Uhr tauchte das nächste Problem auf: Kühlprobleme bei der Bb-Maschine mit Folge einer durchgbrannten Zylinderkopfdichtung. Da wir kurz vor unserem Ziel waren, beschloß ich mit einer Maschine weiterzufahren. Die Bb-Maschine würde ich dann in der Bootswerft in Polen reparieren.

Wir fuhren durch das imposante Schiffshebewerk Niederfinow

und weiter bis Oderberg. Nach der Übernachtung im Yachthafen Oderberg fuhren wir am 23.06. so gegen 10:00 Uhr weiter, über die Schleuse Hohensaaten zur Zollstation Mescherin. Nach der problemlosen Erledigung der Zollformalitäten mußten wir noch eine

Eisenbahnbrücke mit einer Durchfahrtshöhe von 3.30m überwinden, und das bei einer Durchfahrtshöhe unserer >ORION< von 3.50m. War so also nix. Die Brücke hatte aber eine klappbare Durchfahrt, aber wann die aufmachte stand in den Sternen, nicht aber in unseren Unterlagen. Also warten! Ein Schubverband, der auch durch wollte gab uns Hoffnung auf eine Weiterfahrt. Nach fast 2 Stunden Wartezeit hat das dann auch geklappt, d.h. die Brücke klappte hoch und der Schubverband und auch wir konnten weiterfahren.

Nach ca. einer weiteren Stunde waren wir dann am Zielort in Dabie/ Stettin. Mittlerweile war es auch schon 22:00 Uhr. Gemäß Karte und sonstigen Unterlagen standen 3 Yachthäfen zur Verfügung. Vielleicht konnten wir auch direkt bei der Bootswerft, die ja auch da irgendwo sein mußte, anlegen. Nun, ich hatte die Werft ja nur von Land aus einmal gesehen, aber vom Wasser aus? Sieht ja alles ganz anders aus, und dunkel war es ja inzwischen auch. Wir fuhren also langsam weiter an 2 recht gut belegten Yachthäfen vorbei, durchquerten eine größere Bucht und fuhren auf ein recht wild aussehendes Gelände zu. Ob man's nun glaubt oder nicht, genau das war dann auch "unsere" Bootswerft. Aber anlegen im dunkeln sah nicht so toll aus, also zurück zum ersten Yachthafen. Platz gesucht, angelegt, und Hafenmeister gesucht und auch gefunden. Verständigung mit einigen wenigen Worten, aber mit Händen und Füßen, ging ganz gut, mußten aber den Liegeplatz noch wechseln, war aber auch nicht weiter aufregend. Soweit waren wir also recht gut gekommen und wir begossen unsere Ankunft in aller Ruhe mit ein paar Charly`s, hatten wir uns auch nach 440 Sm in 8 Tagen Fahrt, 20 Schleusen und ca. 800 Litern Diesel verdient.

Bisher also ein voller Erfolg!

Am Montag, den 25.06.01 hatten wir unseren Termin bei der Bootswerft, dessen Besitzer übrigens ein deutscher ist, aus Flensburg. wir hatten also auch den ganzen Sonntag Zeit zum Relaxen.
Die frage nach Dusche und WC an den Hafenmeister wurde mit: "kein Problem, Dusche da, aber nur kalt, warm nix gehen" beantwortet. Die Damentoilette war geschlossen wegen einer eventuellen Reparatur (war eine Woche später noch genau so) und die Herrentoilette war recht marode, so wie auch die Dusche. Wie sich später herausstellte waren die Dusch- und WC-Situationen in den anderen Yachthäfen am Ort auch nicht besser.
Am Montag Vormittag rief ich dann bei der Bootswerft an, und erfuhr dann das der Chef nicht da sei, wir sollten mittags noch mal anrufen. Da wir auch dann keine befriedigende Antwort bekamen, machten wir die Leinen los und sind zur Werft gefahren. Die Situation bei Tageslicht besser beurteilend, machten wir an einer Spundwand fest und begannen den Werftgehilfen zu nerven. Wir hätten schließlich einen Termin und nicht unendlich viel Zeit. Es hieß der Chef sei krank, aber seine Frau käme gleich und außerdem sei die Luftfeuchtigkeit zu hoch. Es hatte zwar schon tagelang nicht mehr geregnet und die Sonne hat wie verrückt geschienen, aber was soll`s, kein Problem.

Wir wurden dann angewiesen beim Yachthafen gegenüber fest zu machen, wir wären auch schon angemeldet. Also wieder losgemacht und rüber zum Yachthafen. Zum Yachthafen gehörte auch ein Hotel in dem auch die Anmeldung für den Yachthafen war. Duschen und WC waren im Hotel (Dusche in irgend einem freien Hotelzimmer). Die Hotelduschen waren auch relativ sauber.

Wir nutzten die Zeit zum Spazierengehen, Einkaufen und Karten Spielen. Am Dienstag sind wir dann wieder zur Werft, aber zu Fuß, waren ja nur ein paar hundert Meter, um die Leute zu Nerven. Der Chef war da und hat uns die Terminverzögerung damit erklärt, das die Sandstrahlfirma durch vorherige Regenfälle ihre Termine nicht halten konnte und somit alles etwas verzögerte. Nun ja, glauben oder nicht glauben, ändern konnten wir ja doch nichts. Aber für Mittwoch Mittag hätte er den Autokran bestellt, und dann sollt >ORION< an Land. Mal sehen. Noch war Zeitmäßig alles "drin". Also gingen wir mehr oder weniger beruhigt wieder an Bord und ließen es uns gut gehen, und harrten der Dinge die da kommen sollten, oder auch nicht.

Am Mittwoch gegen Mittag klingelte mein Handy. Der Chef der Werft war dran und sagte wir sollten schon mal rüberkommen, der Autokran käme gleich. Nun gings ja wohl tatsächlich los. Also Leinen los und ab zur Werft, und dort wieder an der Spundwand festgemacht. Die weiteren Dinge ließen mal wieder auf sich warten, aber am Nachmittag kam dann der bestellte Autokran. Einige Vorbereitungen, sowie Seile und Lagerbock, waren bereits getroffen worden und unsere >ORION< gelangte recht abenteuerlich an Land. Ich weiß zwar nicht so genau wie, aber es hat funktioniert. Wir konnten an Bord bleiben, brauchten somit kein Hotelzimmer, außerdem konnten wir alles Weitere bestens beobachten. Vorbereitende Arbeiten wie Abkleben, Abhängen mit Planen u.s.w. wurden durchgeführt, und dann war Feierabend. sah alles recht abenteuerlich und seltsam aus, aber mal abwarten.

Eine lange Leiter wurde an`s Schiff gestellt, und für unsere Stromversorgung wurde ein Landanschlußkabel gelegt. Soweit, so gut, wir machten es uns gemütlich.

Das ganze Gelände gehörte der größten Werft in Stettin und war nur teilweise von der kleinen Bootswerft gepachtet. Das Gelände, mit riesengroßer Halle wurde Tag und Nacht bewacht, nachts zusätzlich von 2 Schäferhunden. Uns und unserem Schiff konnte also nichts passieren, nur Aron hatte sich am ersten Abend gleich mit den beiden Wachhunden in die Haare und natürlich den Kürzeren gezogen. Der Wachmann konnte seine Hunde aber noch rechtzeitig zurückpfeifen. Aron hatte eine Bißwunde am Hals und einen Schock davongetragen. Nach Verständigung mit dem Wachmann klappte das aber in den nächsten Tagen ganz gut.

In der Werfthalle waren auch saubere Duschen und Waschräume, die wir auch benutzen konnten.

Am Donnerstag gegen Mittag rückte dann die Sandstrahlfirma an. Alles recht seltsam und eigenartig. Aber na ja, wir waren eben in Polen, da ist wohl einiges anders als bei uns. Der Sandstrahler stellte sich vor, konnte einige Worte Deutsch, baute seine Geräte auf, schmiß sich in seinen "Schutzanzug", stülpte den Helm mit angeschlossenem Luftschlauch über den Kopf, gab seinem Helfer Anweisungen, nahm das Strahlrohr in die Hände und es ging los. Viel Staub, viel Sand, aber der Erfolg war deutlich sichtbar. Als er ein Stück gestrahlt hatte, frug er mich ob das so gut sei, es war gut, sehr gut sogar. Wir haben den Mann bewundert, ich glaube der hatte Accord, oder das war seine eigene Firma, weiß ich nicht. Im Gegensatz zu allen anderen hat er wie verrückt gearbeitet, ohne Pause, ohne Stop, aber gut. Es hat Spaß gemacht dem Mann zuzuschauen.

Ärger gab`s nur am Anfang, weil das Schiff nicht gut genug abgeplant war, so daß die Boote im danebenliegenden Yachthafen voller Staub und Sand waren. Wurde dann aber sofort behoben.

Das Unterwasserschiff war innerhalb einiger Stunden sauber abgestrahlt, und am selben Tag wurde vom Sandstrahler noch der erste Epoxy-Anstrich aufgebracht. Dann war Ruhe für diesen Tag und das Unterwasserschiff sah richtig gut aus. Im Schiff sah alles gar nicht mehr so gut aus; überall Staub und Sand. Der Staub vom Sandstrahlen war durch jede Ritze eingedrungen. Alles fühlte sich staubig und stumpf an. Aber es half nichts, putzen war angesagt. Das Deck und die Flybridge waren auch voll Sand und Staub. Aber wer keine Arbeit hat, macht sich welche, oder läßt sich welche machen. Na ja, innen konnten wir sauber machen, von außen haben wir erst einmal abgefegt. Geschlafen haben wir aber trotzdem gut an Bord.

Am Freitag wurde der zweite Epoxy-Amstrich aufgebracht, und wir sind nach Dabie in die Stadt gefahren zum Einkaufen und Eisessen.

Der dritte Anstrich, ein Silberprimocon-Anstrich wurde auch noch aufgetragen.

Zwischendurch sind wir auch zum Bummeln nach Stettin gefahren. Die Stadt konnte uns aber keineswegs überzeugen. Alles recht eigenartig und marode. Na ja, wir waren 'mal da. Taxifahren ist übrigens recht preisgünstig.

Am Sonntag wurde dann von den Werftleuten das von uns mitgebrachte Antifouling aufgepinselt, bzw. gespritzt. Am Abend hätten wir eigentlich noch in's Wasser gekonnt, aber leider war es nicht möglich den Autokran zu bekommen, erst am Montag. Was soll's, wir haben uns Wasserschläuche legen lassen, bzw. selbst gelegt und haben >ORION< auch äußerlich von Staub und Sand befreit, mußte ja auch sein. Da die Duschen und WC in der Werfthalle in Ordnung waren, haben wir auch noch ein paar mal ausgiebig geduscht, war nach dem Staub auch nötig.

Ach, ja, ehe ich's vergesse: die Bb-Maschine mußte ja noch repariert werden. Eine Reserve-Zylinderkopfdichtung hatte ich dabei, also ran ans Werk. Hatte ich ja schon so einige Male gemacht, war also nix neues. Alles abgetakelt, Zylinderkopf runter, defekte Dichtung raus, alle Dichtflächen schön sauber gemacht, neue Dichtung drauf, Zylinderkopf drauf, mit Drehmomentenschlüssel angezogen, Stößelstangen rein und Kipphebelbock mit Kipphebel aufgebaut und verschraubt. Nun noch Ventile einstellen. Alles schnell und Routine, leider, ist ja auch keine große Tat. Beim Drehen der Maschine, um die Ventile einstellen zu können, merkte ich das etwas nicht stimmte, ein Ventil kam nicht mit, oh ha, Mist, Stößelstange verklemmt. Kipphebel wieder runter und nachsehen. Eine Stößelstange war bei meiner eiligen Routine neben die Führung geraten und beim Drehen verbogen. natürlich keine Reserve-Stößelstange dabei, lagen zu Hause. Was nun? Sößelstange gerichtet und wieder eingesetzt, in die Führung, die ich auch ein wenig richten mußte. Kipphebel wieder aufgebaut, Ventile, die nun alle arbeiteten, eingestellt und den ganzen Rest wieder aufgetakelt. Einspritzleitungen bis vor die Einspritzdüsen entlüftet, zugeschraubt und die Maschine gestartet, d.h. versucht zu starten, ging aber nicht. Nach so einigen Umdrehungen klinkte das Ritzel des Anlassers immer wieder aus und nichts ging mehr. Da mein Gedanke der war, das doch noch etwas anderes defekt war, ließ ich Maschine, Maschine sein und beschloß mit einer Maschine den Heimweg anzutreten. Nach einer kurzen Besprechung mit Ute, in der ich die Sachlage schilderte, erklärte sich Ute einverstanden, denn sie kennt auch genügend von Maschinen und Technik und sagte: "lass uns das mal so machen, ehe noch mehr zerstört wird, geht schon klar".

Ich setzte die Bb-Welle fest, damit diese bei Fahrt nicht mitdreht und das Getriebeöl sich nicht aufheizt, weil die Ölpumpe im Getriebe nicht angetrieben wird und somit das Öl auch nicht gekühlt werden kann.

Soweit, so gut! Wir hatten am Sonntag ja noch reichlich Zeit und gingen zum ersten Yachthafen unseres Polenaufenthaltes. Dort wies ein riesiges Schild in drei Sprachen den Yachthafen als Marina aus, mit

Tankservice. Da wir keinerlei Zapfsäule gesehen hatten, gingen wir wieder mal zum Hafenmeister. Auf meine Frage nach Tankmöglichkeit, wie angepriesen, kam die Antwort: "Diesel, kein Problem, Tankstelle da auf Straßenseite anderes, Kanister nehmen". Wir hatten es uns fast gedacht, sahen ihn an und ich frug ihn ob er noch normal sei, 1000 l Diesel mit Kanistern über die Straße, über`s Gelände zum Schiff? Die Reaktion war: "kein Problem, Moment warten", rannte weg, und wir warteten. Dauerte nicht lange, da kam der Hafenmeister wieder und erklärte uns, eine Stunde Fahrt in Richtung Ostsee sei in Trzebiez eine Tankstelle am Wasser. Hat er uns auch auf einer Karte gezeigt.

Alles klar, kein Problem, schauen wir `mal.

Am Montag Mittag war es dann endlich soweit, >ORION< kam wieder auf abenteuerliche Weise per Autokran in`s Wasser. Maschine gestartet, Leinen los und ab in Richtung Trzebiez zur Zapfsäule. Die angekündigte eine Stunde Fahrzeit bezog sich wahrscheinlich auf einen Gleiter, nicht aber auf einen Verdränger von 12 Tonnen. Na ja, wir haben eben fast vier Stunden gebraucht, und >ORION< läuft mit einer Maschine nicht viel langsamer als mit beiden Maschinen. Machte aber nichts, wir hatten ja Urlaub. Das Wasser war auch teilweise sehr unruhig, war aber eine recht schöne Fahrt. In Trzebiez angekommen, fanden wir auch gleich die Tankstelle und legten an. Trzebiez ist ein schöner kleiner Fischerort, und wir wären gerne einen Tag dageblieben, aber da wir nicht wußten was noch alles auf uns zukommen sollte, fuhren wir, nachdem wir gebunkert hatten, wieder zurück nach Dabie. Dort angekommen machten wir im Yachthafen fest und verbrachten dort die letzte Nacht in Polen.

Am Dienstag, den 03.07.01 um 11:30 Uhr legten wir ab und traten die Heimreise an. Bei der Ausreise aus Polen, bei der Zollstelle Mescherin wurden, wie bei der Einreise, die Zollformalitäten problemlos erledigt. An diesem Tag ging die Fahrt noch bis Schwedt. Nach einer ruhigen Übernachtung ging es am Mittwoch, den 04.07.01 weiter. Die nachfolgende Schleuse Hohensaaten und das Schiffshebewerk Niederfinow passierten wir ohne Schwierigkeiten und machten abends im Yachthafen Marienwerder fest und verbrachten wie immer einen gemütlichen Abend. Am nächsten Tag, so gegen Mittag machten wir dann wieder die Leinen los und fuhren weiter durch die Schleuse Lehnitz bis nach Henningsdorf. Im dortigen Yachthafen legten wir an und ließen es uns gutgehen. Bisher alles ruhig und die Stb-Maschine lief störungsfrei.

Der nächste Tag sah uns auch erst gegen Mittag, wir hatten ja schließlich Urlaub! Um 11:45 Uhr machten wir in Henningsdorf los, und passierten um 13:00 Uhr die Schleuse Schönwalde, und um 18:00 Uhr die Schleuse Brandenburg. Um 20:00 Uhr machten wir fest im Yachthafen von Kirchmöser. Der Hafen war recht gut belegt und wir bekamen ein paar kleine Probleme den richtigen Liegeplatz zu finden. Der Hafenmeister kam, als er uns ankommen sah auf den Steg gelaufen, bzw. mit dem Fahrrad gefahren und erkundigte sich nach unserer Schiffsbreite. 3.30 m war die Antwort, worauf er uns einen Liegeplatz zwischen Pfählen zuwies. Er erwartete uns dort, um die Leinen anzunehmen. Wirklich nett von ihm, aber unser Schiff war einfach zu breit für diesen Platz, der eigentlich 3.50 m sein sollte. Wir klemmten zwischen den Pfählen und kamen nicht weiter. Auseinander drücken wollte ich die Pfähle ja auch nicht. Der Hafenmeister kratzte sich am Kopf und meinte das unsere >ORION< wohl doch etwas breiter wäre als wir angegeben hätten. Wir haben dann nachgemessen, und er verstand die Welt nicht mehr, aber einen anderen Liegeplatz hat er uns dann angewiesen und da passte alles. Er konnte es den ganzen Abend nicht fassen, hatte er doch selbst die Pfähle gesetzt. Wie dem auch sei, es wurde noch ein schöner Abend. Am nächsten Tag, wieder mal so gegen Mittag, sind wir dann wieder weitergefahren. Über die Schleusen Wusterwitz und Parey gelangten wir dann zur Elbe. Da wir beschlossen hatten nicht über den recht eintönigen Mittellandkanal zurückzufahren, fuhren wir Elbabwärts in Richtung Hamburg. Vor der Schleuse Havelberg, an einem Seitenarm, haben wir festgemacht und übernachtet.

Dort haben wir von einer anderen Bootsbesatzung erfahren, das die Elbe wenig Wasser hätte. Um genaueres zu erfahren rief ich bei`m Wasser- und Schiffahrtsamt Magdeburg an und erfuhr das die Wassertiefe für uns noch ausreichend sei. Na ja, es hat gereicht, nur so einige Zentimeter und so ab und zu hatten wir auch leichte Grundberührung. Es war ein ständiges Kreuzen von einer Seite der Elbe zur anderen, war aber gut ausgeschildert. Irgendwann mußten wir nach einem Yachthafen Ausschau halten, es gab nicht viele an diesem Teil der Elbe. Als Hitzacker auftauchte, das wäre doch ein Hafen für uns, haben wir die Einfahrt zum Yachthafen zu spät gesehen. Was wir gesehen hatten war die Einfahrt zum Wasser- und Schiffahrtsamt. Also Schiff umdrehen und in Richtung Hafeneinfahrt. War nix, Untiefe, fest! Nach einigen Versuchen kamen wir wieder frei, aber da ich ja bekanntlich alles doppelt mache, saßen wir beim zweiten Versuch die Hafeneinfahrt, die nur ein paar Meter weg war, zu erreichen wieder fest, aber diesmal richtig, war mit eigener Kraft nichts zu machen. Außerdem wurde die Stb-Maschine heiß und ich mußte sie abstellen. Ich habe dann an der Maschine rumgebastelt und den Sand aus den Filtern entfernt, und Ute hat inzwischen mit dem Hafenmeister telefoniert, nachdem sie mühevoll die Telefonnummer rausbekommen hatte, mit dem Erfolg das in Hitzacker große Fete sei und niemand mehr in der Lage sei uns in den Hafen zu holen. Wir sollten `mal Anker werfen und bis zum nächsten Tag warten, dann würde man weitersehen. Nun denn, wir hatten ja , wie schon gesagt, noch Urlaub!

Just in diesem Moment kam ein Sportboot, ein Gleiter, angerauscht, wollte auch in den Hafen, sah das wir aufgelaufen waren und bot uns spontan Hilfe an, die wir natürlich annahmen, obwohl ich nicht so recht davon überzeugt war, das es gelingen würde uns von der Sandbank runter zu ziehen. Das Problem war nur, er konnte nicht an uns herankommen, wegen dem niedrigen Wasserstand. Ich suchte also meine längste Leine raus und Ute sprang in die Elbe und lief bzw. schwamm rüber zum Sportboot. Die Leine war noch nagelneu und noch verpackt, was ich nicht bedacht hatte, war, das es sich um eine zwar lange, aber auch schwere Ankerleine handelte. Hatte Ute ganz schön mit zu kämpfen. Außerdem war die Leine noch etwas zu kurz und ich mußte noch eine Leine anstecken. Die Leinenverbindung war nun hergestellt. Ich wollte mich übers Heck freischleppen lassen, aber man meinte über Bb-Bug ginge das besser. Na ja, war nix. Übers Heck ging`s dann. Die netten Skipperkollegen haben uns dann zu einem in unmittelbarer Nähe gelegenen Fähranleger geschleppt, wo wir dann unsere >ORION< festmachten und übernachteten, nachdem wir einen Bummel durch Hitzacker gemacht hatten. Am nächsten Morgen wollten wir dann weitersehen.

Der nächste Morgen kam, und auch ein Schiff des Wasser- und Schiffahrtsamtes, aber die Leute wollten gar nicht zu uns, aber auf mein Winken hin haben sie dann doch bei uns längsseits festgemacht. Ich habe die Situation erklärt, und nach einem kurzen Telefonat wurden wir auf den "Haken" genommen und in den Hafen des Wasser- und Schiffahrtsamtes geschleppt.

Dort wäre der Platz des Tonnenlegers frei, der käme erst am nächsten Tag, und wir könnten dort unsere Stb-Maschine reparieren. Wir bekamen Stromanschluß und auch Wasser und ich ging "frisch-fröhlich" ans Werk. Zylinderkopfdichtung wechseln kannte ich ja schon zur genüge. Gegen Mittag lief die Stb-Maschine wieder und wir hätten eigentlich weiterfahren können, aber da wir noch für den Abend Besuch erwarteten, und uns auch keiner drängte, blieben wir noch in aller Ruhe in Hitzacker im Hafen des Wasser- und Schiffahrtsamtes liegen. Wir hatten Strom und Wasser, konnten Brötchen holen und alles einkaufen, was wollten wir mehr? Wir hatten ja, wie gesagt, noch Urlaub!

Ach ja, Besuch, habe ich ja noch gar nicht erzählt welche Bewandnis das hatte. Also, als wir in Polen von der Bootswerft losfuhren merkte ich schon bald, das die Lichtmaschine nicht richtig lud, die Kontrollen zeigten zwar normale Ladung an, aber nicht das Amperemeter. Na ja, bei nächster Gelegenheit habe ich den Regler gewechselt, aber leider ohne Erfolg. Alles kontrolliert, nochmals den Regler erneuert, war aber auch nix. Da fiel mir ein, das in der Werft am Schiff geschweißt worden war, und ich die Lichtmaschine nicht abgeklemmt hatte. Meine Annahme war daher, das die Dioden hin wären. Also war nix mit Lichtmaschine. Wir haben uns dann mit Stromaggregat und Ladegerät über die Runden geholfen. Ging mehr "Recht als Schlecht".

Na ja, da wir beabsichtigten die Elbe abwärts über Hamburg nach Cuxhaven zu fahren, wollten wir in Hamburg Station machen und unsere Freunde Gloria und Günter an Bord einladen. In Hamburg wollten wir dann auch eine neue Lichtmaschine besorgen. Aber, da schlechtes Wetter in der Nordsee gemeldet war und wir auch keine Zeit mehr hatten um tagelang das Wetter abwarten zu können und außerdem nur eine Maschine zur Verfügung stand, hatten wir beschlossen durch den Elbe-Seitenkanal und doch noch durch den Mittellandkanal zu fahren. Also habe ich unsere Freunde in Hamburg angerufen und die Kursänderung mitgeteilt, und sie mögen doch nach Hitzacker kommen und eine Lichtmaschine mitbringen. War natürlich nicht so einfach, aber Günter macht`s schon möglich. Hat auch geklappt und wir machten uns einen schönen Abend in Hitzacker. Die Lichtmaschine, die unsere Freunde mitgebracht hatten, war ganz toll, paßte nur nicht in die Halterung, hätte ich alles umändern müssen, hätte ich zur Not auch gemacht, aber wir halfen uns auch so weiter.

Die Batterien waren wieder voll aufgeladen, und wir fuhren am nächsten Morgen weiter in Richtung Lauenburg. Dann ging es in den Elbe-Seitenkanal, über das imposante Schiffshebewerk Scharnebeck

bis zum Yachthafen Uelzen. Am 11.07. fuhren wir dann weiter durch die Schleuse Uelzen und waren dann um 18:00 Uhr am Mittellandkanal, den wir dann in Richtung Minden befuhren. Im Yachthafen des AMC bei Km 227.5 des MLK machten wir fest zum Übernachten.
Am 12.07. um ca. 10:00 Uhr machten wir dann wieder die Leinen los und fuhren weiter. Das Wetter war, wie schon während der ganzen Fahrt, wunderschön. Viel Sonne und kein Wind. Ideal für Motorbootfahrer! Wir fuhren nur noch von der Flybridge. Nach ein paar Stunden herrlicher Fahrt kam das nächste Spektakel: Kühlwasseralarm! Maschine abstellen und in den Maschinenraum hechten war eins. Ute "fing" das treibende Schiff ein während ich nach der Ursache des Alarms schaute. War schnell gefunden: der Keilriemen

für Lichtmaschine und Hydraulikpumpe war gerissen und hatte den Keilriemen für die Seewasserpumpe runtergeworfen. Die Ölkühler für Motoröl, Getriebeöl und Hydrauliköl und auch der Auspuff bekamen kein Wasser mehr. Öl wurde heiß und auch der Gummiauspuff. Der Kunststoff-Schalldämpfer war durchgebrannt. Nachdem ich den Schalldämpfer abgedichtet, den gerissenen Keilriemen erneuert und den Keilriemen für die Seewasserpumpe wieder aufgelegt hatte, konnte die Fahrt weitergehen. In Seelze machten wir dann für die Nacht fest.

Am Freitag, den 13.07. um 08:45 Uhr hieß es wieder: Maschine in Betrieb und Leinen los. Die Fahrt ging weiter bis Minden, wo wir an der Stadtkaje festmachten und in die Stadt gingen um einzukaufen. Um ca. 16:00 Uhr ging es dann weiter, zunächst durch die Schachtschleuse runter zur Weser. Danach fuhren wir noch weiter über die Schleusen Petershagen, Schlüsselburg, Landesbergen bis vor die Schleuse Drakenburg, wo wir am Sportbootanleger festmachten und übernachteten.

Übrigens, es geschehen immer noch "Zeichen und Wunder", die Lichtmaschine hatte inzwischen ihren Dienst wieder aufgenommen, und wir hatten wieder Strom in "Hülle und Fülle". Tja, man muß nur Geduld haben, viele Dinge erledigen sich von selbst.

Am nächsten Morgen passierten wir die Schleuse Drakenburg und fuhren weiter in Richtung Schleuse Dörverden, die wir um 11:00 Uhr durchfuhren. Kurz nach der Schleuse Dörverden kam Ölalarm! Zufällig waren an Stb-Seite ein paar Meter Spundwand. Maschine abstellen und an die Spundwand treiben lassen ging dann schnell. Schiff eingefangen und angebunden ging alles in Windeseile. Dann Abtauchen in den Maschinenraum. Ich habe gedacht ich werd` nicht mehr, der ganze Maschinenraum triefte vor Öl, überall wohin ich sah: Öl! Die Ursache war schnell gefunden: Ölleitung vor dem Filter defekt. Ölleitung repariert, 4 Liter Öl aufgefüllt, Maschinenraum gewischt, Maschine gestartet, und ...... sie lief, ohne Störung und mit normalem Öldruck. Glück gehabt, nichts passiert. Konnten also weiterfahren. Die letzte Schleuse an diesem Tag war die in Langwedel. Um 16:00 Uhr waren wir fest in Dreye am Wieltsee, wo wir auch übernachteten.

Am Sonntag, den 15.07. fuhren wir um 09:00 Uhr weiter und nahmen unsere letzte Etappe unseres Urlaubes in Angriff. Das letzte Dilemma erlebten wir kurz nach dem Ablegen in Dreye. Die Dieseltanks waren fast leer, ca. 100 Liter auf jeder Seite. Ich wußte auch nicht wie leer ich die Tanks fahren konnte, hatte immer früh genug gebunkert.

Na ja, wie dem auch sei, kurz vor der Hafenausfahrt gab die Maschine ihren Geist auf und nix ging mehr. Wir trieben auf einen Steg, oder so was ähnliches, zu und Ute fing wieder mal das Schiff ein und ich tauchte wieder mal ab in den "Keller". Die Dieselfilter waren dicht, der ganze Dreck, der sich im Laufe der Jahre angesammelt hatte und nun bei niedrigem Dieselstand in den Tanks mit in die Filter gezogen wurde hatte ganze Arbeit geleistet. Nachdem ich die Filtereinsätze ausgewechselt hatte, lief die Maschine wieder und wir konnten weiterfahren. Ich hatte aber bis Elsfleth so ein ungutes Gefühl, denn da war ganz sicher noch mehr Dreck in den Tanks, aber es ging alles gut.

Nach der Schleuse in Hemelingen fuhren wir die Weser abwärts und waren um 14:30 Uhr in der Schleuse unseres Yachthafens in Elsfleth, und um 14:50 Uhr hatten wir unsere >ORION< an ihrem Liegeplatz in Elsfleth festgemacht.

Somit waren 4 Wochen Urlaub zu Ende, schade!!

Es war ein sehr schöner Urlaub, trotz aller Schwierigkeiten, oder vielleicht gerade deswegen.

Die Fahrt durch die neuen deutschen Länder und auch durch Polen war vom Wasser her richtig schön, man müßte nur mehr Zeit haben. Mit dem Wetter hatten wir auch das große Los gezogen. Man müßte noch einmal dorthin fahren, aber ohne Termine, einfach nur so, können wir durchaus empfehlen.

In diesen 4 Wochen haben wir in 185.5 Betriebsstunden 1900 Km zurückgelegt und haben 1550 Liter Diesel verbrannt. Die Fahrt war ein voller Erfolg. Vorhaben ausgeführt und Ziel erreicht. >ORION< hat ein glattes, gutes Unterwasserschiff, und man sollte vielleicht Überlegungen anstellen den Rest auch in Polen überholen zu lassen.

Horst Friese

VIVA ESPANA 2002

VIVA ESPANA

Es begab sich an einem Winterabend im Jahre 2002, es muß ein Wochenende gewesen sein, denn wir, Ute und Horst hatten am nächsten Tag frei. Nach einigen Runden Kartenspielen und ein paar Charly`s unterhielten wir uns noch wann und wie in diesem Jahr der Urlaub stattfinden sollte. Das "Abenteuer Polen" vom Jahre 2001 mußte doch irgendwie noch zu übertreffen sein. Zuerst fassten wir einen 4-Wochen-Urlaub mit >ORION< in`s Auge, und so ca. im September, so zogen wir in Erwägung, für ca. 2 Wochen nach Spanien, nach Los Nietos zu fahren, mal nach dem Rechten zu sehen, mal sehen ob unser Liegeplatz noch da ist. Es blieb aber noch ungewiß ob per Auto oder Flugzeug.

Aber dann kam auf einmal die Idee auf, wenn wir ein zugkräftiges Auto hätten, könnten wir ja auch mit Utes Boot per Auto und Trailer nach Spanien fahren. Dann brauchen wir in Spanien kein Hotel, denn bei dem dortigem Wetter kann man ja auch auf Utes Boot wohnen, denn schlafen kann man auf dem Boot wunderbar und frühstücken auch. Essen kann man ja woanders und ansonsten würde man sich ja ohnehin nicht viel auf dem Boot aufhalten. Na, der Gedanke war schon etwas abenteuerlich, aber was soll`s! Auf jeden Fall

wurde der Faden erst einmal kräftig weitergesponnen!
Aber, woher ein zugkräftiges Auto nehmen? Für 4 Wochen und ca. 5 bis 6000 Km verleiht keiner sein Auto, und mieten , viel zu teuer! Na ja, blieb nur eins: Auto kaufen!
Da sich die Idee mit >WOTAN<, so hieß Utes Boot, nach Spanien zu fahren und dort Urlaub zu machen immer mehr vertiefte war ein Autokauf auf einmal ganz logisch. Also wurde über`s Internet ein Geländewagen gekauft. Ein PKW wurde verkauft, und die Sache nahm so langsam Formen an. Man hielt uns zwar nicht für so ganz normal, aber das hat uns nicht gestört. Wir hatten ein Ziel, und das wurde konsequent verfolgt. Ute konnte sich das alles zwar auch nicht so recht vorstellen, aber: "schauen wir `mal" war ihre Devise. Erst hat sowieso keiner geglaubt das wir das wirklich machen würden, aber je näher der Urlaub kam, um so mehr verschwanden die Zweifel der Kollegen. Die hielten uns zwar für ein bischen verrückt, aber was soll`s!
Das Auto war ja nun da, und wir hatten noch 3 Monate Zeit um das Gerät zu testen und eventuelle Reparaturen durchzuführen, das Auto, ein ISUZU- TROOPER, war ja schließlich nicht neu, und ca. 6000 Km mit Trailer und Boot, das ist ja schon was. Ein paar Kleinigkeiten wurden erneuert, dann konnte die Sache steigen, Auto OK, Boot OK, wir ober-OK!

Was wir mitnehmen wollten wurde alles im Boot verstaut, bis auf eine, ebenfalls über's Internet gekaufte, Kühlbox mit Verpflegung für die Fahrt, und am 24.05.02 um 23.30 Uhr fuhren wir drei, Ute, Horst und unser Hund ARON, los in Richtung Spanien. Alles lief wunderbar, wie geplant, ISUZU lief ganz toll, Stimmung war supertoll, ARON hatte hinten im Auto jede Menge Platz. So Fuhren wir Km um Km, wechselten uns am Steuer ab und waren gut drauf. An der Grenze nach Frankreich, in Mulhouse, gab es keinerlei Aufenthalt, und weiter ging's auf der superguten Autobahn durch Frankreich. Zwar Gebührenpflichtig, aber Super.

Na ja, so ganz ohne Probleme geht bei uns ja eigentlich nix, und so kam nach ca. 1500Km Fahrstrecke dann auch das Erste, aber auch eigentlich das Einzigste: ISUZU blieb einfach stehen, keine Meinung mehr! Na ja, wir haben ihn wieder in Gang bekommen und sind auch noch von der Autobahn runtergekommen, und dann war's wieder aus. Bei der Zahlstelle an der Autobahnausfahrt habe ich mich erst 'mal erkundigt wie die Abfahrt heißt, und dann hat Ute einen Autosevice angerufen. Nach einigem hin und her wurde dann versichert das jemand kommt, es war immerhin Samstag Nachmittag. Also warten und hoffen das wirklich jemand kommt, aber trotzdem waren wir weiterhin gut drauf! Nach einiger Zeit, ich weiß nicht mehr wie lange wir gewartet haben, kam ein Abschleppwagen angerauscht. Der Fahrer, er kam von irgendeiner Citöen-Werkstatt, sah sich ganz schlau den Motor an und meinte er müsse das Auto abschleppen. Na ja, weiterfahren konnten wir ja ohnehin nicht, also kam ISUZU auf den Abschleppwagen und >WOTAN< kam hintendran, und ab ging's zur Werkstatt, die ganz schön weit weg war, aber was soll's.

In der Citröen Werkstatt sah sich ein Meister, oder so was ähnliches, den Motor, der inzwischen wieder lief, zwar unregelmäßig, aber er lief, an und probierte Dieses und Jenes und hat letztlich festgestellt, das unter dem Auto noch ein zweiter Benzinfilter ist, und der war so ziemlich voll Dreck. Der Filter wurde erneuert und ISUZU lief wieder wie ein Schweizer Uhrwerk, toll! Wir konnten mit unserem 12 m-Gespann weiterfahren. Wir gaben Gas und guter Dinge ging`s weiter, wenn`s das gewesen ist, na, super!

Aber so einfach war das denn wohl doch nicht: nach ein paar hundert Km, ich weiß nicht wie viel, blieb ISUZU wieder einfach stehen und dachte wohl: ihr könnt mich `mal, ich mach jetzt Pause. Wir dachten, ist wohl doch noch Dreck vom Tank im neuen Filter. Also blieb uns, da ISUZU so einfach mitten auf der Autobahn stehen geblieben war, nichts anderes übrig als den Benzinfilter auszubauen, Dreck rausblasen und wieder einzubauen. Gesagt, getan, und siehe da: ISUZU lief wieder wie verrückt.

Das war aber nicht alles, nach ein paar weiteren hundert Km wieder das gleiche Spielchen. Also Filter raus, ausblasen, und wieder einbauen, und, siehe da: ISUZU lief wieder. Da es nicht dabei blieb, und sich das Phänomen alle paar hundert Km wiederholte, waren wir am Schluss mit dem Filter-Aus- und Einbau so schnell, das jedes Formel I-Boxenteam vor Neid erblasst wäre, wenn sie das gesehen hätten. Aber dennoch sind wir am Sonntag, so gegen 17.30Uhr in Spanien, Los Nietos, Club Nautico angekommen. Das letzte Hindernis waren die super engen Straßen zum Yachthafen, die außerdem noch mit Autos vollgeparkt waren. Das war dann auch mit unserem 12m-Gespann Millimeterarbeit, aber letztendlich standen wir im Yachthafen bei`m Kran!

Nach 2 Tagen und 2 Nächten war unsere Hinreise mit 2500Km geschafft, und wir waren immer noch gut drauf, unglaublich!!

Ernesto, den Hafenmeister, hatten wir schon per Telefon verständigt. War ja Sonntag, und alles nicht ganz so einfach, wir haben Ernesto von Zuhause abgeholt, der wiederum hat den Marinero Juan in Gang gebracht, der dann >WOTAN< per Kran in sein Element gebracht hat. Hat ganz toll geklappt. Ich habe Ernesto unter Mitnahme des Trailers wieder nach Hause gebracht, und den Trailer bei Ernestos Haus abgestellt, Kundendienst!

Wieder im Yachthafen angekommen, hatte Ute schon versucht >WOTAN< zu starten, war aber nix. War wohl auf der langen Fahrt irgendetwas losgerüttelt. Aber kein Problem: Marinero Juan hat >WOTAN< dann per Boot zum Liegeplatz geschleppt. Ein Superguter Liegeplatz! Mit einem Rundgang und ein paar kleinen Schwätzchen haben wir dann den Tag beendet. Jetzt hatten wir erst `mal Ruhe , und natürlich auch ein paar Charly`s verdient!

So, in Spanien, in Los Nietos, im Club Nautico waren wir ja nun, nun konnte die Phase "schauen wir `mal" beginnen!

Die erste Nacht auf >WOTAN< in Spanien war schon

recht ordentlich, wir haben geschlafen wie 2 Tote, wir waren nach der langen Fahrt doch ein wenig angegriffen, aber am nächsten Morgen waren wir wieder wie neu. Erst einmal Duschen, super! Duschen und Toiletten einwandfrei, alles bestens.

Als ich vom Duschen zurückkam, lief der Motor von >WOTAN< schon wieder. Ute hatte schon wieder alles im Griff, richtig toll.

Nach dem Frühstück ging das Leben im Hafen so richtig los: hier schauen, da schauen, mit diesem und mit jenem reden. Leute kennen lernen, Kaffee trinken und Kontakte knüpfen.

Da waren Lotte und Hans aus Oldersum, waren schon ca. 5 Jahre da und lebten auf einem 13m- Motorboot, hatten sich aber just ein Haus ganz in der Nähe gekauft und waren im Begriff vom Boot in`s Haus umzuziehen, wollten dann das Boot verkaufen, um sich aber ein kleineres Boot zuzulegen. Mal sehen was davon wird.

Da waren dann Andrea und Manfred, die auf einem 9m Segelschiff wohnten, selbst ausgebaut in Spanien. da sie sich ein größeres Segelschiff gekauft hatten, waren sie im Begriff das kleinere Schiff zu verkaufen, war aber nicht so einfach. Das neue Segelschiff, auch schon so einige Jahre alt, aber noch gut erhalten und gepflegt, war zunächst für Manfred noch ein "Buch mit 7 Siegeln". Ein paar Tipps und Hilfestellungen von mir haben ihm doch dann sehr geholfen das "Buch mit 7 Siegeln" wenigstens etwas zu entschlüsseln, aber Manfred meinte das er innerhalb eines Jahres das Schiff in den Griff bekommt. Andrea wird ihm schon dabei helfen und wir haben die Gewissheit das die beiden im nächsten Jahr noch da sind.

Dann trafen wir noch Ferdinand, ein Schweizer, der mit seiner Frau Margarethe schon seid 17 Jahren auf seinem ca. 9m langem Segelschiff wohnt. Ferdinand ist ein oberlustiger Typ, hat jederzeit spaßige Bemerkungen auf Lager. Ich hatte die beiden schon vor 7 Jahren kennen gelernt und immer in guter Erinnerung gehabt.

In unmittelbarer Nähe unseres Liegeplatzes wohnte Alex, ein Engländer mit seiner Frau auf einem 12m Motorboot. Die beiden, hauptsächlich Alex, waren immer gut drauf und für jeden Spaß zu haben.

Dann war da noch Eric, ein lustiger Däne, der auf einem großen Katamaran wohnte, und dabei war einen noch größeren Katamaran auszubauen, was er ganz toll machte, alle Achtung! Wenn der Katamaran fertig ist will er aber weitersegeln. Wer weiß ob wir ihn irgendwo mal wiedersehen.

Dann trafen wir noch Peter, der auf einem ganz toll umgebauten Holzkutter von ca. 11m lebte, aber ein paar Tage später nach Mallorca gefahren ist. Wollte sich dort mit Freunden treffen und dann weiter nach Griechenland fahren. Alles Gute!

Tja, dann war da auch noch Paule, ein ehemaliger Kapitän, lebte auf einem ca. 11m Katamaran, den er sich kurz zuvor in Spanien gekauft hatte. Paule war mit dem Wohnmobil , welches er an Alex verkauft hatte, nach Spanien gekommen und war so ca. 6 Wochen im Hafen, will aber irgendwann weiter. Paule ist `mal hier, `mal dort, eigentlich überall, immer gut drauf und immer dolle Sprüche auf Lager, ein Unikum. Klettert auch noch mit seinen 64 Jahren im Mast rum und ist, wenn er segeln kann wie ein Kind, total begeistert. Wer weiß ob Paule im nächsten Jahr noch da, oder wieder da ist?

Dann waren da auch noch Ulrike und Gernot, die auf einer Segelschiff-Baustelle wohnen. Das Schiff ist Lang und Schlank, Länge läuft! Gernot ist schon einige Zeit am umbauen, aber immer sinnig: Manana! Von den beiden kann man viele gute Tipps für das Leben in Spanien und im Hafen bekommen.

Da sind noch viele Leute aller möglichen Nationen die auf ihren Schiffen leben, aber alle sehr hilfsbereit und nett.

Auf vielen Schiffen wird gebastelt und renoviert, einfach toll, genau das Richtige für uns. `Wir wurden von allen eigentlich recht herzlich aufgenommen, kein Wunder also das wir uns im Hafen sauwohl fühlten, so richtig toll war das.

Gewöhnlich standen wir so gegen 10.00 Uhr auf und gingen, nachdem wir ein Glas Milch getrunken hatten erst einmal Duschen, dann ging ich gewöhnlich Brötchen holen, und Ute baute inzwischen das Bett ab. Das musste leider jeden Abend aufgebaut und jeden Morgen wieder abgebaut werden, war aber auch das einzigste was etwas störend und umständlich war. Dann frühstückten wir erst `mal in aller Ruhe und überlegten uns dann was wir so alles anstellen konnten. Meistens machten wir erst `mal einen Rundgang mit ARON durch den Hafen und redeten `mal hier und `mal dort mit so einigen Leuten, die man so traf. So ab und an sind wir auch durch den Ort gelaufen, oder mit dem Auto irgend wo hin gefahren, zu sehen oder einzukaufen gab`s immer irgendwas, und die Tage gingen immer viel zu schnell `rum. Mittagessen fiel gewöhnlich wegen der schon vorgerückten Stunde, und auch wegen der gegen Mittag schon reichlich angestiegenen Temperaturen ohnehin aus, so das wir eigentlich immer das tun konnten was uns gerade so einfiel, und das war manchmal `ne ganze Menge ( manchmal auch nix ). Zwischendurch gingen wir auch `mal Kaffee trinken, manchmal auch Clara trinken, oder

Eisessen, oder einfach nur Sabbeln. Auf jeden Fall haben wir unheimlich viele Eindrücke gesammelt und uns mit voller Absicht durch das dortige Hafenleben treiben lassen, und das hat uns sehr gut gefallen!

So ab und an sind wir auch mit >WOTAN< durch`s Mar Menor gekreuzt, oder auch in`s Mittelmeer, haben geankert und gebadet. War richtig toll, so wie wir uns das auch vorgestellt hatten, also eine recht runde Sache.

Wir mussten uns ja auch noch Gedanken über unser Auto machen, irgendwann mussten wir ja wieder zurück fahren. Also in die Werkstatt. „Ernesto", unser Hafenmeister gab uns auch einen Werkstatt-Tipp: „Felix"! Da sind wir dann hingefahren, und haben Felix unser Problem erklärt. Ich glaube er hat verstanden was wir wollten und gab uns einen Reparatur-Termin. Aber in Spanien geht das wohl alles etwas anders bei uns: Manana! Man gewöhnt sich aber daran, bleibt ja auch nichts anderes übrig. Macht aber auch nix! Der Termin war am Montag, leider war an diesem Montag ein

Feiertag, wussten wir nur nicht, hat uns auch keiner gesagt. Manfred ist mit seinem Auto mitgefahren, um uns von der Werkstatt wieder zum Hafen zu bringen. Nach langem Warten und Kaffeetrinken sind wir dann zurückgefahren, und haben dann am Dienstag einen neuen Versuch gestartet. „Felix" grinste nur und sagte uns die Reparatur dann für den Dienstag zu. Am Nachmittag wollten wir dann das Auto abholen, war aber nix: Manana! Am nächsten Tag konnten wir dann unseren ISUZU wieder abholen. Felix hat die Benzinleitung durchgeblasen, einen größeren Benzinfilter eingebaut und das Belüftungsloch im Tankdeckel vergrößert. In der Hoffnung das nun alles in Ordnung sei sind wir dann guter Dinge zurück zum Hafen gefahren. Auf dem späteren Heimweg stellte sich dann jedoch heraus, das daß Problem keineswegs gelöst war, das Phänomen, das ISUZU ab und zu einfach stehen blieb trat nach wie vor auf. Nur haben wir nichts mehr unternommen, sondern einfach so ca. 10 Minuten gewartet und konnten dann weiterfahren, hat funktioniert! Da unser ISUZU sich immer die tollsten Stellen aussucht um stehen zu bleiben, war es auch nicht ungewöhnlich das unser Auto mitten in Lyon, Stadtautobahn, 2 Spuren von rechts, 2 Spuren von links, Steigung, zwischen 2 Autobahntunneln, `mal wieder den Geist aufgab. Wir standen mit unserem 12-Meter-Gespann mitten drin, und warteten! Na ja, auch das haben wir überstanden. Inzwischen ist die Ursache dieses Übels erkannt.

Nun aber wieder die Gedanken zurück nach Spanien, nach Los Nietos, zum Club Nautico! Alles verlief weiter wundertoll, konnte gar nicht besser sein!

Tja, und dann kam nach so ca. 14 Tagen Spanienaufenthalt ein sehr schöner Abend, der unser Leben völlig verändern sollte. Wir spielten ein paar Runden Karten und gerieten dann, wie schon so oft, in`s quatschen. Wir schwärmten wie toll das Leben hier im Hafen, auf unserem größerm Boot >ORION< doch sein müsste. Mein Traum, hier in Spanien auf dem Boot zu leben, bestand ja schon seid Jahren. Ich hatte auch schon vor einigen Jahren einen Liegeplatz hier in Los Nietos gekauft und durch „Ernesto", den Hafenmeister, vermietet. Aber für Ute war das ja alles „Neuland" und ich hatte auch noch keinen festen Zeitpunkt angepeilt. Aber an diesem besagten Abend fragten wir uns warum wir nicht einfach hier blieben, aber das ging natürlich nicht. Aber nach einigen Hin- und Herüberlegungen fassten wir den festen Entschluss im Mai 2003 mit unserer >ORION< loszufahren und so ca. im Herbst hier in Los Nietos aufzutauchen! Das „WIE" war zwar noch recht vage, aber wir waren fest davon überzeugt, das wir das irgendwie packen würden.

Wir haben dann einfach allen mitgeteilt, das wir spätestens im Herbst 2003 mit unserer >ORION< eintrudeln würden, und alle fanden das als das normalste und vernünftigste auf der Welt. Wir haben „Ernesto" sogar schon damit beauftragt uns bis dahin eine Garage zu mieten, denn für unsere Sachen, die wir dann sicherlich noch benötigen, müssten wir dann den Platz brauchen. Es stand also für uns fest, das wir im Jahre 2003 nach Spanien fahren werden und für den Rest unseres Lebens dort bleiben werden, das ist so und das bleibt so!

Der Gedanke wurde immer heftiger und wir schmiedeten die tollsten Pläne. Wir sprachen mit unseren dortigen Bekannten, die das ja schon alles kannten, die ja schon ein paar Jahre auf ihren Schiffen lebten und auch alles hinter sich gelassen hatten.

Als unser Urlaub zu Ende ging , hatten wir auch nicht so das Abschiedsgefühl, sondern eher das Gefühl und auch die Gewissheit zu Hause alles was nötig ist in die Wege zu leiten und zu regeln und dann sind wir ja bald wieder da! Das wir sicherlich so einige Schwierigkeiten zu überwinden hatten war uns natürlich durchaus klar, aber was soll`s, der Entschluss war nun `mal gefasst und nicht mehr zu ändern! Eigentlich war ja gar nicht so viel zu erledigen und zu regeln: Wir mussten unserem Chef nur klar machen, das wir Ende März 2003 aufhören wollten zu arbeiten, die vorzeitige Rente musste ich beantragen, 2 Wohnungen mussten aufgelöst werden, eine sofort und eine im April 2003, >WOTAN< musste verkauft werden, ein Auto muss im April 2003 verkauft werden, die Sache mit Versicherungen, Krankenkasse, Bank musste geregelt werden, Zeitschriften und sonstige Abo`s mussten gekündigt werden, ja, und heiraten wollen wir ja auch noch! Das meiste, einschließlich der ganze Behördenkram ist inzwischen schon erledigt, bis auf's heiraten, das soll am 21.03.2003 stattfinden! Aber das alles war nix gegen die Freude auf Spanien, auf Los Nietos.

Das größte Problem schien uns das mit der vorgezogenen Rente, aber das ging alles problemlos über die Bühne, war überhaupt kein Hindernis, alles supertoll. Es lief zu Hause einfach alles wie am Schnürchen. Die Leute, auf die es ankam hatten sofort Verständnis für unsere Wünsche, und alle anderen, na ja, was soll's.

Aber das wird sicher wieder eine andere Geschichte.

Unsere Rückfahrt von Spanien verlief, wie bereits vorweg geschildert, bis auf so einige ISUZU-Aussetzer recht problemlos!

Alles in allem hat dieser Spanien-Urlaub nicht nur seine Zweck erfüllt, sondern weitaus mehr! Dieser Urlaub hat unser ganzes Leben verändert, zum Vorteil!

Unsere Reise zum Mittelmeer

2003

Von Elsfleth zum
Mar Menor, Los Nietos

FRIESE`S Traum

Vorbereitungen 2002/2003

Tja, der Entschluss am 01.05.2003 nach Spanien zu fahren war ja nun endgültig gefasst, und
nicht mehr zu ändern. Was so alles zu erledigen war, war uns auch durchaus klar. Also nahmen wir unseren Kalender zur Hand und legten fest wann was getan werden musste um nicht in Hektik zu geraten. Die meisten Dinge mussten zu bestimmten Zeiten erledigt werden, nicht zu früh, aber auch nicht zu spät. Wir haben uns dann auch unbeirrbar an unseren Zeitplan gehalten, und wie sich später herausstellte war das auch die einzigste und richtige Art so ein Vorhaben reibungslos durchzuziehen. Das größte Unterfangen war, wie man vielleicht annimmt, nicht der ganze Behördenkram, sondern die Auflösung unserer Wohnung (Haus). Utes Wohnung hatten wir gleich nach unserer Rückkehr aus Spanien im Jahre 2002 aufgelöst. Nach Inserat in der Zeitung, kamen so diverse Leute und stürzten sich wie die Geier auf alles was nicht Niet- und Nagelfest, und was für wenig Geld zu haben war (ich glaube wenn wir uns nicht bewegt hätten, hätten die uns auch noch eingepackt). Ute hat dann noch schweren Herzens ihr Boot >WOTAN< per E-bay verkauft.
In meiner Wohnung (Haus) , in der wir ja zusammen wohnten, hatte sich im Laufe der Jahre unglaublich viel angesammelt (ich kann mich ja von nichts trennen), vor

allem im Keller (vollgestopft mit allerlei Zeugs welches man ja vielleicht noch irgendwann mal gebrauchen könnte). Zuerst musste mein Papierkram dran glauben. Ich glaube so ca. 25 bis 30 vollgestopfte dicke Ordner wurden entsorgt. Dann kamen wir auf die Idee viele Sachen, ehe wir die entsorgen mussten, mit in die Taxi-Zentrale zu nehmen, vielleicht konnte der eine oder andere noch was davon gebrauchen, war ja kein Schrott oder so, wir konnten nur auf unserem Boot >ORION<, mit dem wir ja nach Spanien fahren wollten, keine unnötigen Sachen unterbringen. Aber alles was wir in die Firma schleppten fand einen neuen Besitzer.

Die gesamte Einrichtung wurde verkauft bzw. verschenkt, was wir nicht mehr unbedingt brauchten ging sofort weg, und was wir noch bis Anfang April 2003 brauchten, konnte erst Anfang April 2003 abgeholt werden. Mitte April musste das Haus völlig leer sein, für die bestellten Maler.

Da wir noch an und auf unserer >ORION< sehr viel zu tun hatten, und wir das alles in Spanien, in Los Nietos machen wollten, hatten wir auch noch sehr viele Dinge, wie Maschinen, Werkzeuge, Ersatzteile, Materialien und sonstiges Zubehör, die alle mit nach Spanien sollten. Ergab sich also die Frage wie wir das alles nach Los Nietos transportieren sollten. Unser Schiff wollten wir nicht unnötig voll packen, und in unserem Auto konnten wir auch nicht viel unterbringen, wenn wir das Auto nachholen würden. Also kam unsere Überlegung zwangsläufig auf einen Anhänger. Einen entsprechenden Anhänger zu leihen erwies sich nach reiflicher Überlegung als völlig sinnlos und unpraktisch. Also beschlossen wir einen Anhänger zu kaufen. Ergab sich noch die Frage was da wohl am zweckmäßigsten sei?

Nachdem wir so durchgecheckt hatten, was wir so alles transportieren wollten, kamen wir auf einen Anhänger mit festem Metallaufbau zum verschließen, mit einer lichten Innenlänge von mindestens 3,10m.

Also haben wir uns über E-bay und auch so, nach so etwas umgeschaut. Durch Zufall hat Ute in Edewecht so ein Gerät entdeckt, war auch zu verkaufen. Sind wir abends sofort hingefahren und haben uns den Anhänger angesehen: Tandemachse, geschlossener Metallaufbau, verschließbar, mit den Innenmaßen 3.80m Länge, 1.90m Breite und 1.90m Höhe. Zulässiges Gesamtgewicht 2000Kg. Unser ISUZU durfte 2500Kg ziehen, also haben wir den Anhänger gekauft und mitgenommen.

Da wir ja nicht wahllos alles was wir mit nach Spanien nehmen wollten in diesen Riesenhänger einladen konnten, mussten erst einmal so einige Regale und Halterungen eingebaut werden.

Tja, dann wurde der Anhänger so nach und nach beladen, und als wir dann schon so jede Menge, aber noch lange nicht alles, verstaut hatten, stellten wir auf der Waage fest, das der Anhänger völlig überladen war. Haben das Gerät dann so zu Tanja gefahren und dort wieder teilweise entladen. Die richtige Beladung mit den Sachen die wir zuerst benötigen, werden wir machen, wenn wir das Auto samt Anhänger abholen.

Soweit, so gut, da waren aber immer noch so viele Sachen, die wir per E-bay verkaufen konnten. Der Handel blühte, und wir hatten ständig größere oder kleinere Pakete oder Päckchen für den Versand im Flur (von uns als Postausgang bezeichnet) stehen. Na ja, so einige Dinge haben wir auch gekauft per E-bay, unser Schiff musste ja noch mit einigen Dingen ausgerüstet werden, wie zB. Waschmaschine, Kameras, Monitore usw.

Arbeitsmäßig konnten wir zum Glück auch etwas kürzer treten, hatten wir doch recht viele Dinge zu erledigen und vorzubereiten, ungezählte Kleinigkeiten. Am 25.03.2003 hatten wir dann unseren letzten Arbeitstag bei der TAXI-ZENTRALE.

Das Schiff, unsere >ORION< musste im Winterhalbjahr auch noch für die Fahrt nach Spanien hergerichtet werden, viele Dinge mussten überholt, und so manches Gerät musste noch eingebaut werden, wie zB. Waschmaschine, Autopilot, Kartenplotter, Kameras und Monitore, neue Luke im Vorschiff, Bimini-Top, diverse Persenninge und Abdeckplanen, Computer, Drucker und Scanner, Kompressor-Signalhorn, Elektr. Ankerwinde usw., außerdem musste noch ein Beiboot nebst Außenbordmotor untergebracht werden.

Unseren Hochzeitstermin hatten wir auf den 21.03.2003 (Frühlingsanfang) gelegt, und das hat auch ganz toll geklappt, so ganz schlicht und einfach, ohne groß Trara, war wirklich toll, die halbe Tagschicht der Firma war da, war schon schön, als die Taxen da vor dem Standesamt standen. Nachmittags sind wir Zwei (mit Aron) nach Dangast gefahren, und abends waren wir dann mit Timo, Tanja und Reiner zum Essen im „Löns-Krug". War alles ganz toll!

Bis zum 29.03 2003 mussten wir unsere >ORION< fertig haben, denn dann sollte das Schiff ins Wasser, hat auch geklappt. Am 04.04.2003 sollte im Haus die Küche, die ja schon verkauft war, ausgebaut werden, das war dann auch der Zeitpunkt an dem wir auf unser Schiff umziehen wollten, um dort zu wohnen und zu leben. Hat dann ja auch geklappt!

Das meiste war ja nun geschafft, aber da war noch immer so einiges zu entsorgen. Wie sollte das vor sich gehen? Für Sperrmüll hatten wir uns auch schon einen Termin geben lassen, aber es ist ja nicht alles Sperrmüll, was man da so rumliegen hat, alles was in den Mülleimer passen würde ist ja kein Sperrmüll, also wohin damit, der Mülleimer wird ja nur alle 2 Wochen entleert, und so ein Mülleimer ist schnell voll. Was tun? Kleinen Container bestellen. Gar nicht so einfach einen Container unter 4 Kubikmeter zu bekommen, also einen 4-Kubikmeter-Container bestellt, mit der Zusage, das ja nur das tatsächliche Müllgewicht bezahlt werden muss. Container wurde gebracht, und wir fingen an alles mögliche ranzuschleppen, und nach 2 Stunden habe ich die Containerfirma angerufen, sie könne den bis obenhin gefüllten Container abholen. Unglaublich was da doch noch so alles zusammenkommt. Aber das hatten wir ja nun auch erledigt, und die Maler konnten sich im ganzem Haus austoben.

Telefon, Wasser, Strom und Gas konnten, nachdem die Maler fertig waren, abgeschaltet werden. Die Hausübergabe erfolgte auch problemlos. Ute hatte inzwischen auch ihr Auto verkauft. Uns blieb nur noch die Ummeldung nach Bissel (Postadresse bei Tanja), und die Ummeldung unseres Autos und des Anhängers, war aber auch keine große Tat.

Ach ja, hätte ich fast vergessen, da war ja noch die Sache mit dem Teddy: Bei den verschiedenen Umzügen unseres Kollegen Lothar (ist sein Hobby), und bei Besuchen, hat Ute bei Lothar so einen riesigen , so 60 cm großen, dicken, braunen Teddy mit Knopfaugen entdeckt. Der war so kuschelig weich und knuffig, und der hat es ihr angetan, den wollte sie Lothar abschnacken, aber der wollte sich auch nicht von seinem Teddy trennen. Aber man muss nur am Ball, bzw. Teddy bleiben. Bei unserm letzten Besuch bei Lothar ist es ihr dann beim Verabschieden doch noch gelungen ihm den Teddy abzuschnacken. Mit einer leichten Träne im Auge hat er Ute dann doch noch den Teddy überlassen. Jetzt hat der dicke, braune Teddy mit Knopfaugen einen Dauerehrenplatz in unserer Salonsitzecke!

So, nun hatten wir alles, aber auch wirklich alles erledigt und auf die Reihe gebracht, toll!!!

Es hat sich also wirklich bezahlt gemacht, das wir uns einen Termin- und Ablaufplan gemacht hatten, es waren doch unglaublich viele Termine einzuhalten, was wir dann auch wirklich ohne Stress geschafft haben. Eigentlich wollten wir am 01.05.2003 in Elsfleth für immer die Leinen loswerfen, da aber der 01.05. ein Feiertag ist, und wir ja ohnehin alles erledigt hatten , verlegten wir den Abfahrtstermin einen Tag früher, und somit begann unser „Abenteuer Spanien für immer" schon am 30.04.2003.

Wir konnten uns 4 Wochen auf dem Boot einleben und alles in Ruhe einrichten und verstauen. Es war im April noch ganz schön kalt und ungemütlich, aber auf unserer >ORION< war Gemütlichkeit angesagt, und außerdem hatten wir ja tagsüber noch recht viel zu erledigen. Dank unserer neuen Plane am Schiffsheck konnten wir unsere Dusche sogar problemlos auch bei Temperaturen um den

Gefrierpunkt benutzen, ganz toll! Wir hatten in jeder Hinsicht ein ganz tolles Gefühl.

DIE REISE

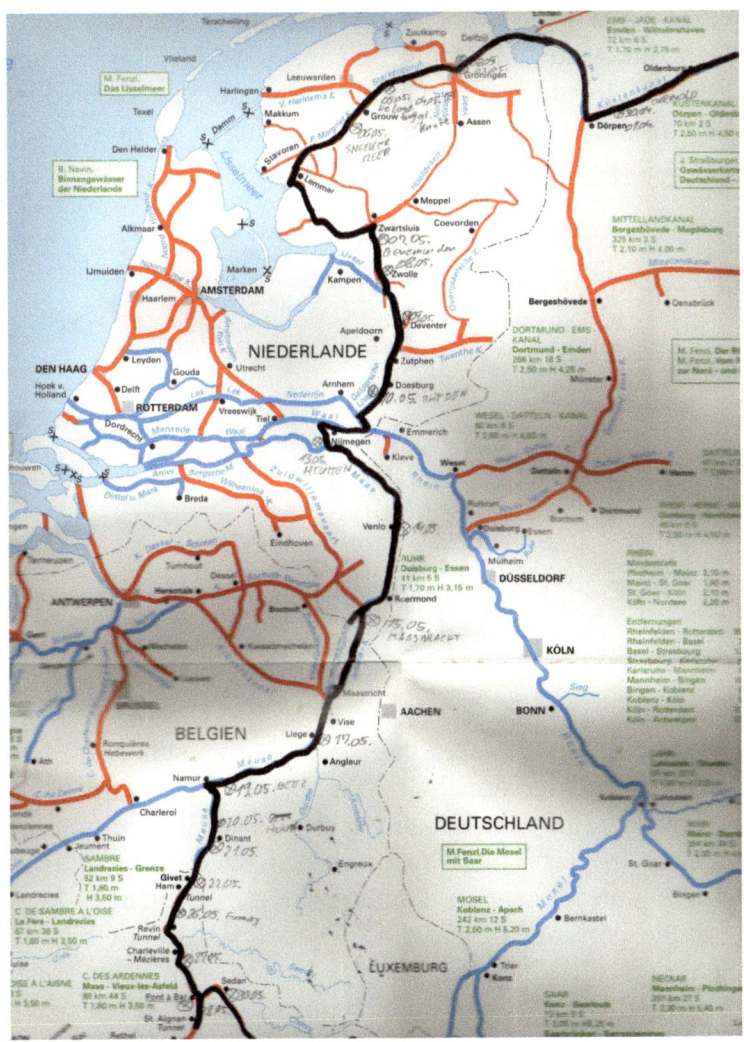

Der Tag der Abreise, unsere >Hochzeitsreise<, nach Spanien rückte unaufhaltsam näher, und am 30.04.2003 war es dann soweit. Wir wollten um 11.00 Uhr durch die Schleuse des SWE. Noch beim Frühstück sitzend bekamen wir dann noch überraschend Besuch an Bord: Jean mit Alan und Phillip, Yvonne, Ariane, Lothar und Friedel, Holger Bomkamp mit Frau, und so verschiedene Vereinskameraden. Es wurde noch einmal so richtig voll auf unserer >ORION<. Es war schön.

Tanja und Rainer waren am Abend vorher schon da und haben unser Auto abgeholt. War auch ein schöner Abend! Kurz vor 11.00 Uhr haben wir dann zum letzten mal die Leinen in Elsflether Yachthafen losgemacht, und ab ging`s unter riesigem Hupkonzert zur Schleuse. Jean, Yvonne, Ariane, Lothar und Friedel sind noch bis zur Schleuse mitgefahren. Es war schon ein ganz toller Abschied von Elsfleth, und ich muss sagen, das ich schon eine Träne im Auge hatte, es war einfach zu schön! In der

Schleuse kam dann noch Olav, unser Hafenmeister, angehetzt, um uns noch persönlich zu verabschieden, toll. Tja, so ließen wir den Elsflether Yachthafen hinter uns. In Höhe der Seefahrtsschule stand dann noch ein heftig winkender Vereinskamerad auf dem Balkon seiner Eigentumswohnung, und hat uns dann noch per Handy verabschiedet, mit der Zusage uns in Los Nietos zu besuchen. Na, mal sehen, ist ja ein weiter Weg. In Elsfleth am Stadtanleger stand dann noch Waltraud und hat uns noch alles Gute und eine gute Reise gewünscht.

So ließen wir dann Elsfleth hinter uns und fuhren auf der HUNTE in Richtung Oldenburg.

Vor der Eisenbahn-Klappbrücke in Oldenburg tauchte das erste Problem auf: Ruderanlage ausgefallen, das Schiff ließ sich nur noch über den neuen Autopiloten, den ich übrigens erst einen Tag vor unserer Abreise in den Griff bekommen habe, steuern. Ölmangel! Wir haben am Stau festgemacht und den Schaden behoben, und weiter ging`s in Richtung Schleuse zum KÜSTENKANAL. Vor der Schleuse die nächste Überraschung: Helga und August, dann noch Manfred und Marlene mit den Kindern. Fanden wir richtig gut. Nach der Verabschiedung fuhren wir durch die Schleuse in den KÜSTENKANAL. 60 Km Kanal, und schon tauchte das nächste Problem auf: Ölalarm Stb-Maschine. Ursache: gelöste Verschraubung in der neuen Ölleitung. Schaden behoben, Öl nachgefüllt und Maschine wieder gestartet, alles ok. Ein paar Km später das nächste Dilemma: Bb-Maschine heiß, abstellen! In Gedanken war ich schon wieder mal am Zylinderkopfdichtungswechseln, aber als Ursache stellte sich dann im Yachthafen von SURWOLD, den wir mit einer Maschine fahrend erreichten, ein gebrochener

Thermostat heraus. Thermostat gewechselt, und Maschine lief wieder. Surwold ist ein kleiner ruhiger Hafen, aber nix los. Am übernächsten Tag sind wir dann um 09.45 Uhr weitergefahren in Richtung EMS, dann an Emden vorbei, über den DOLLART nach DELFZIJL. Vor der kleinen Schleuse in Delfzijl mussten wir ein wenig warten. Außer uns war da sonst kein Sportboot, nur noch ein schmales, hohes Binnenschiff, der aber sicherlich durch die große Schleuse sollte. Als grünes Licht kam, fuhren wir also in die Schleuse ein. Alles klar. Die Schleuse in Delfzijl ist recht lang, und da wir ja alleine waren, wollten wir so etwa in der Mitte festmachen. Aber als ich mich, um die Mitte abzuschätzen, umdrehte, hab` ich geglaubt mich tritt ein Pferd, ich sah unmittelbar hinter mir nur noch den hohen Vorsteven des Binnenschiffes. Der Gedanke: Gas und weg, war der eine, und der, das der mich durch das geschlossene Schleusentor schiebt, der andere. Als wir uns beim letzten Festmachepoller befand, hörte ich über Funk, das der Binnenschipper mich wohl gesehen hatte, bzw. der Schleusenwärter hatte ihn aufmerksam gemacht. Egal, wie dem auch sei, ich sah das dass Binnenschiff zurückblieb und festmachte, Schreck lass nach!!! Auf jeden Fall lagen wir ja nun ganz vorne in der Schleuse, und das Wasser kam, und der Tanz ging los (wir tanzen doch beide nicht). Kampf mit Leine und Wellen, wir konnten das Schiff nur mit Mühe und Not halten, aber auch das haben wir geschafft. Von dort ging`s dann weiter bis GRONINGEN, über den EEMSKANAAL, wo wir dann um 22.15 Uhr im ersten Yachthafen, ein „Negativhafen", festmachten. Am nächsten Tag haben wir dann verholt zum Yachthafen 2 Km weiter, in unmittelbarer Stadtnähe. Netter Hafen, kannte ich noch von früher.

Da gerade Samstag war, bot es sich natürlich an, auf den Groninger Markt zu gehen, ein ausgiebiger Marktbummel war angesagt, natürlich mit „Backfisch" essen, einfach toll, wir haben richtig zugeschlagen! Hat man ja schließlich nicht alle Tage!
Am Sonntag, den 04.05.03 sind wir dann weiter gefahren (man sollte eigentlich am Sonntag in Holland nicht fahren, denn die Brücken werden nicht alle bedient),in den NORD-WILHELMS-KANAAL, das war aber leider nix, die dritte Brücke war außer Betrieb wegen Reparatur, Dauer:???? Also an der „Grünen Kante" festgemacht und übernachtet. Mal was anderes, geht auch!

Am nächsten Tag ging`s dann weiter, erst zurück bis
Groningen, und   dann weiter durchs REITDIEP,
passierten so einige bewegliche Brücken, und kamen zu
einer recht eigenartigen Schleuse, d.h. Die Schleuse war

ganz in Ordnung, eigenartig war der Schleusenwärter. Die Schleuse war zu, und , da wir die einzigsten vor der Schleuse waren, warteten wir erst einmal. Nach einiger Zeit, ich wollte gerade beim Rufknopf anlegen, damit Ute den Schleusenwärter anmorsen konnte, schaltete das Schleusensignal auf grün, und das Schleusentor ging auf. Klappt ja mal wieder hervorragend. Wir liefen in die Schleusenkammer ein, legten die Leine über den Poller, das Schleusentor ging zu, alles ok. Weit gefehlt, das Tor ging wieder auf. Na, kommt wohl noch einer???? Nee, war nix, das Tor ging wieder zu; merkwürdig! Na ja, der Schleusenvorgang verlief dann ganz normal, wir wurden hochgeschleust, und das Schleusentor ging auf, nur die Brücke, unmittelbar am Schleusentor wurde nicht hochgeklappt, und somit kam auch kein grünes Ausfahrsignal, es blieb rot, und außerdem hätten wir ja ohnehin nicht unter der geschlossenen Brücke durchfahren können. Also warteten wir, und warteten, und warteten, und warteten. Ich bin dann zum Schleusenhaus gelaufen, kam da aber nicht ganz hin, alles verschlossen. Zurück zum Boot und das Signalhorn betätigt. Nach ein paarmaligem Hupen tat sich endlich was: das Schleusentor ging wieder zu! Nach weiterem Hupkonzert hatte der Mensch im Schleusenhaus wohl einen lichten Moment, das Tor ging wieder auf und auch die Brücke öffnete sich. Wir haben dann das grüne Ausfahrtsignal nicht mehr abgewartet, Gas, beide Maschinen röhrten los und weg, wer weiß was da noch alles gekommen wäre.

Weiter ging`s dann auf dem VAN STARKENBORGH KANAL bis zum Passantenhafen DE LANDTONG, ein kleiner Yachthafen. Landschaftlich war die Fahrt recht schön, nur das Wetter ließ zu Wünschen übrig.

Am nächsten Tag sind wir dann, nachdem wir 400 Liter Diesel (85 Cent pro Liter) gebunkert hatten, um 14.00 Uhr weiter gefahren in Richtung SNEEKER MEER. Die Fahrt ging übers BERGUMER MEER durch den PRINZES MARGRET KANAAL. Den Yachthafen am SNEEKER MEER erreichten wir um 17.50 Uhr und machten fest.

Am nächsten Tag machten wir um 10.30 Uhr wieder die Leinen los und fuhren weiter durch den Prinzes-Margret-Kanaal, durchquerten um 13.00 Uhr LEMMER, fuhren über den LEMSTERVAART-KANAAL, die ZWOLSE VAART , über das KADOELER MEER, das ZWARTE MEER, auf das ZWOLSE DIEP zum Sportboothafen GENEMUIDEN, wo wir um 18.00 Uhr festmachten. Wir hatten eine sehr schöne Seenfahrt hinter uns. Nach einer ruhigen Nacht in Genemuiden fuhren wir am nächsten Tag 22 Km weiter bis ZWOLLE, wo wir um13.40 Uhr im Stadthafen festmachten. Erst war mal ein Stadtbummel angesagt, und am Nachmittag sind wir in den Yachthafen Zwolle gefahren, und haben dort Übernachtet. Am nächsten Morgen sind wir wieder in den Stadthafen gefahren, zum Einkaufen. Zufällig war dort, gleich am Hafen, Wochenmarkt, und da gab es auch Backfisch, haben wir natürlich wider zugeschlagen!!

Am Freitag, den 09.05.03 um 13.40 Uhr legten wir in Zwolle ab und erreichten, immer über die IJSSEL fahrend, um 18.40 Uhr den Yachthafen von DEVENTER, wo wir zum Übernachten festmachten. Die Ijssel ist eigentlich recht eintönig, ab und an ein Campingplatz, ansonsten nur grüne Wiesen. Am Samstag sind wir dann zum 48 Km entfernten RHEDEN gefahren. Der kleine Yachthafen in Rheden hat uns so gut gefallen, das wir 3 Tage geblieben sind. Es war zwar ein weiter Fußmarsch bis in den Ort, aber es war eben schön dort.

Am Dienstag, den 13.05.03 um 10.30 Uhr haben wir dann doch die Leinen losgemacht und sind, über den WAAL, mit unwahrscheinlich viel Verkehr durch die Berufsschiffahrt, den WAAL-MAAS-KANAL und der MAAS, weiter gefahren bis zu einem ganz kleinen Yachthafen in HEUMEN, in dem wir dann um 17.00 Uhr anlegten.

Am nächsten Tag nach dem gemütlichen Frühstück legten wir um 12.00 Uhr in Heumen ab, und fuhren bis zum 59 Km entfernten VENLO, wo wir um 17.45 Uhr ankamen und im Passantenhafen festmachten. Da in und um den Hafen diverse, recht eigenartige Gestalten rumliefen, fuhren wir 2 Km zurück in den Yachthafen. Ganz tolle Anlage, allerdings nicht ganz billig. Am nächsten Morgen sind wir dann wieder in den Passantenhafen gefahren, von wo aus wir dann mit dem TAXI rüber nach Old Germany gefahren sind, um die Grundlage für unsere Charlys einzukaufen und richtige Chips (gibt`s ja in Holland nicht, in Belgien und Frankreich auch nicht). Am Mittag sind wir dann weiter gefahren , zu unserem letzten Hafen in Holland, nach MAASBRACHT. Den Yachthafen, schräg gegenüber der LINSSEN-YACHTWERFT, erreichten wir um 16.30 Uhr. Die Liegegebühren musste man in einem, unmittelbar am Hafen liegendem AMI-ARMEESHOP (oder so ähnlich) entrichten. Das war ein Laden!! Vorne ein großer Laden mit hauptsächlich Klamotten und Armeeklamotten, aber dahinter: ein unglaubliches Lager an technischer Ausrüstung und Zubehör, einfach alles was man sich denken und auch nicht denken kann, einfach grandios, soviel Werkzeug habe ich noch nicht auf einen Haufen gesehen., und unglaublich Preisgünstig. Wir mussten einfach noch mindestens einen Tag dort bleiben, um uns das alles in Ruhe ansehen zu können. Da müssen wir unbedingt noch irgendwann einmal mit dem

Auto hin, wenn wir irgendwann mal nach Deutschland fahren!!!

Aber nichts desto Trotz, am Samstag, den 17.05.03, um08.30 Uhr haben wir die Leinen losgeworfen und sind weiter in Richtung Belgien gefahren. Um 12.00Uhr passierten wir MAASTRICHT und machten um 16.30 Uhr in LÜTTICH fest. Somit hatten wir Holland nach 20 Gesamtschleusen und 699 Gesamtkilometern hinter uns gelassen. Was uns in Holland auf den Keks ging, war die Sache mit der Stromversorgung in den meisten Yacht-, und Stadthäfen. Münzautomaten, in die man 0.50, bzw. 1.00 € stecken muss, um dann 2 KW Strom zu erhalten, und das funktioniert auch nicht immer, oft zu schwach abgesichert, dann ist das Geld weg, und nix geht mehr. Wasser gib`ts meistens auch nur über Münzautomaten, für 50 Cent so 60 bis 100 Liter, verloren!! Man sieht, wir haben uns bis hierhin recht viel Zeit gelassen, und so wollten wir das auch weiterhin machen, denn nichts ist auf so einer Reise schlimmer als Hetzen und Eile, nee, so richtig gemütlich, wir hatten ja auch Zeit genug, richtig schön! Es lief ja auch nach den anfänglichen Schwierigkeiten alles recht gut, richtig toll!

In Lüttich sind wir 2 Tage geblieben, sind ein wenig durch die Stadt gedackelt, und haben auch eingekauft. Da wir einfach keinen Hafenmeister auftreiben konnten, und die Stromanschlusskästen verschlossen waren, hatten wir anfänglich auch keinen Strom, aber das Problem habe ich dann auf meine Weise geregelt, kein Problem. Am Sonntag gerieten wir zufällig auf einen Markt, unglaublich viele Menschen und so. Da das nichts für unseren ARON war, der ohnehin vom vielen Laufen müde war, haben wir ihn an Bord gebracht, und sind noch mal zu diesem Markt gelaufen. Der erwies sich ja noch viel größer als wir uns das gedacht hatten, wir haben es nicht geschafft überall hinzukommen. Auf diesem Markt konnte man einfach alles bekommen, unglaublich! War doch sehr beeindruckend.

Nun waren wir also in Belgien, und am Montag, den 19.05.03 fuhren wir um 11.40 Uhr weiter, und machten dann um 19.00 Uhr in BEEZ, einem ganz kleinem Yachthafen, fest. Das Wetter ließ bisher doch recht viel zu wünschen übrig, doch so langsam wurde es etwas besser.

In Beez blieben wir aber auch nur über Nacht, und fuhren am nächsten Tag um 11.30 Uhr weiter bis NAMUR, wo wir neben einem Hafen an die Bunkerpier festmachten um zu Tanken. Nachdem wir 743 Liter Diesel getankt hatten, hatten wir, bedingt durch ungünstige Strömungs- und Windverhältnisse Grundberührung mit der Bb-Schraube. Sofort ausgekuppelt und mit der Stb-Maschine quer über die Maas zur Schleuse gefahren. Die Bb-Welle saß fest, die Bb-Maschine ist verreckt, und Bb ging nichts mehr!! Da waren, wie sich später herausgestellt hat, mehrere Dinge gleichzeitig geschehen, außerdem ist just zu diesem Zeitpunkt der Kompressor, der ja an der Stb-Maschine ist, ausgefallen (Ansaugventilplatte gebrochen).Also alles Dinge, die nicht im unmittelbarem Zusammenhang stehen. Merkwürdig!!

Die Bb-Welle war also fest, wahrscheinlich krumm, die Bb-Maschine ließ sich nicht mehr starten; drehte nicht mehr???? Bb-Getriebe???? Schauen wir mal!

Wir sind dann erst einmal, in dem Glauben in Frankreich das Schiff genau so gut wie in Holland, wo sich überall Kranmöglichkeiten befinden, aus dem Wasser heben lassen zu können, mit einer Maschine weiter gefahren. Auf Flüssen und Kanälen kein Problem, auf See sieht das dann schon anders aus. Um 20.00 Uhr machten wir vor der Schleuse HOUX fest. Am nächsten Vormittag um 10.20 Uhr fuhren wir dann weiter bis DINANT,

wo wir um 12.40 Uhr fest machten. Wir mussten ja nun so bald als möglich einen Hafen mit Slipanlage oder Kran, der 12 Tonnen heben konnte, finden. In Dinant kam dann ja auch ein Hafenmeister, ein kleiner, netter älterer Herr, sprach natürlich nur Französisch, (wir natürlich kein Wort). Diesem netten Menschen wollten wir nun entlocken, wo wir unser Schiff aus dem Wasser bekommen können, da wir einen Wellenschaden hätten. Das war nun was, wir haben alles versucht, mit Händen und Füßen, ein recht schwieriges Unterfangen. Doch plötzlich, ihm schien ein Licht aufgegangen zu sein, fasste er sich an den Kopf, lief los, und entschwand. Wir dachten um zu telefonieren, aber weit gefehlt. –der nette Hafenmeister tauchte wieder auf, mit einer Rolle Mülltüten unterm Arm, eine riss er ab, tüdelte sie auseinander, deutete uns das man da den Müll reintuen konnte, wieder zu machen um dann in den Mülleimer zu werfen. Ich sah ihn an, musste mir das Lachen verkneifen, und meinte dann, das dann so der Müll wohl an Land käme, aber mein Schiff sei dann immer noch im Wasser. War also nix. Ein weiterer Versuch über einen, ein wenig Englisch sprechenden, Belgier etwas zu erreichen, schlug ebenfalls fehl. Also fuhren wir am nächsten Tag weiter, Richtung Frankreich. Um 13.40 Uhr passierten wir die Grenze, nun hatten wir Belgien auch hinter uns gelassen!
Kurz vor GIVET ist ein altes Hafenbecken, PORT GIVET, dort sahen wir ein großes Schild, auf dem war zu

sehen, das dort eine Slipanlage, ein Kran und Reparaturmöglichkeiten seien. Na, wer sagt`s denn, sieht doch gut aus. Also gedreht, und rein ins Hafenbecken. Sportboote lagen da, Sportboote lagen an Land, ein Slip war zu sehen, aber kein Kran. Na, schauen wir mal. Festgemacht und an Land, schauen wir uns die Sache mal` näher an. Nix war da, nur ein Franzose, der auf seinem Schiff, welches an Land stand, arbeitete. Weiterhin war da noch so eine Firma, oder so was ähnliches, die mit Radladern Kohlen von einem Berg zum anderen schob. Wir sprachen den Franzosen an und erklärten ihm das wir unser Schiff an Land bekommen müssten, zwecks Reparatur. Er schien uns zu verstehen, und ging mit uns zu unserem Schiff, um zu sehen was da wohl zu sehen sei. War natürlich nichts zu sehen. Er ist dann aber mit uns zu dieser komischen Firma gegangen, und hat da wohl mit dem Boss gesprochen. Der wiederum verwies mich dann an einen Radladerfahrer, der Englisch könne. Dem habe ich dann unser Problem erklärt, und der hat dann mit seinem Boss gesprochen, mit dem Ergebnis, das wir am Schiff warten sollen, da käme jemand. Na schön, wir zum Schiff und gewartet. Nach längerer Zeit kam dann auch der Boss und zwar mit der Nachricht, es würde min. 450.00€, oder auch 550.00€, kosten, das Schiff rauszuheben, und dann noch mal min. das Gleiche, um das Schiff wieder ins Wasser zu heben. Wir haben uns damit einverstanden erklärt, und er wollte eben telefonieren, und uns sofort Benachrichtigen. Alles Prima, nur nach so einigen Stunden tat sich absolut nichts. So gegen 20.00 Uhr haben wir uns dann gesagt, veräppeln können wir uns auch alleine, haben abgelegt, und sind nach GIVET, in den Hafen gefahren, und haben im Stadthafen festgemacht. Am nächsten Morgen kam der Hafenmeister, zwecks Liegegebühren. Das war ein richtig netter Mensch, und der sprach sogar deutsch!! Dem habe ich erst einmal unser Problem geschildert, und er hat spontan was in die Wege geleitet. Nach so einigen Telefonaten sollte dann jemand bei uns erscheinen, der uns weiterhelfen würde, na, schauen wir mal. Nachmittags erschien dann auch jemand, der irgend so einen Reparaturbetrieb hat. Nach einigen Telefonaten erklärte er uns, wir sollten am Montag zum Port Givet fahren, er käme dann dorthin zwecks Autokran. Unsere Zweifel meldeten sich, aber was soll`s, wir mussten ja was unternehmen, und fuhren also am Montag, nachdem wir ein paar Tage im Stadthafen von Givet verbracht hatten, wieder zum Port Givet. Kurz vor dem Hafen hatten wir noch kurz mitten im Fahrwasser leichte Grundberührung, und saßen im weichen Untergrund fest, konnten uns aber wieder frei fahren, war also nicht weiter schlimm. Im Hafen angekommen machten wir fest und warteten auf die Dinge die da kommen sollten, oder auch nicht. Irgendwann, so gegen Mittag, nachdem ich telefoniert hatte, kam der gute Mensch, der uns helfen wollte, angerauscht, und hat uns mitgeteilt, das dass alles nicht klappt, mit dem Autokran. Nachdem er uns noch mitgeteilt hatte, das in Pont a`Bar eine gute Reparaturwerkstatt mit einem 15 Tonnen Kran sei, und er uns für seine Bemühungen und Aufwendungen 50.00€ abgeknöpft hatte, entschwand er, und wir waren auch nicht weiter. Mit der Bestätigung eines netten Französischen Motorbootfahrers das Pont a`Bar wirklich eine gute Adresse sei, legten wir um 14.30 Uhr ab und fuhren weiter in Richtung Süden!!

Unser nächstes Etappenziel sollte FUMAY, ein kleiner Hafen, sein. Wir fuhren also auf der MEUSE (MAAS) weiter, und steuerten unseren ersten Tunnel an, kurz hinter Givet. Na, Abenteuer, wir kommen!!! Erst kam eine Schleuse, kein Problem, dann kam der 565 Meter lange, im Einbahnverkehr zu durchfahrende, Tunnel, und dann wieder eine Schleuse.

Die Schleuse vor dem Tunnel hatten wir ja bald schon hinter uns, und wir fuhren in den Tunnel ein. Neuland für uns, völlig unbekannt! Ich fuhr also mit meiner Stb-Maschine im Leerlauf in den völlig unbeleuchteten Tunnel ein, rohbehauene , halbrunde Decke, wenig Platz links und rechts und oben. Lief zunächst ganz gut, konnte das Schiff in der Mitte halten, doch es wurde immer dunkeler, und natürlich keinen Scheinwerfer zur Hand. Ute hat dann den Kopf oben rausgestreckt, und mir zugerufen, wenn ich zu weit nach Bb oder Stb kam. Klappte hervorragend! Nachdem wir ¾ des Tunnels hinter uns hatten, drehte meine Stb-Maschine, die ja ohnehin nur im Leerlauf lief, immer weniger, Schiff wurde immer langsamer. Ich habe nur gedacht: bleib jetzt bloß nicht hier im Tunnel stehen, habe mehr Gas gegeben, doch ohne sichtbaren Erfolg. Mein erster Gedanke war, die Maschine bekommt hier im Tunnel zu wenig Luft, also Sauerstoff. Immerhin konnte ich schon in der Ferne das Tunnelende sehen, aber ich konnte auch noch mehr sehen, und auch riechen: Rauch! Rauch kam aus allen Ritzen und Öffnungen! Meine Augen fingen schon an zu brennen und zu tränen, aber durchhalten, hauptsächlich die Maschine! Wir sind dann tatsächlich am Tunnelende angekommen, und die Maschine erholte sich auch ein wenig, und die Drehzahl kam auch wieder. Ich habe die Luke achtern aufgemacht, um Luft nach unten zu bekommen, kam jede Menge Qualm raus. Das muss fürchterlich ausgesehen haben, als wir in Rauch eingehüllt aus dem Tunnel kamen. Der Schleusenwärter an der Schleuse, gleich hinter dem Tunnel sah uns auch recht seltsam an, als wir in die Schleuse einliefen, und frug ob alles in Ordnung sei. Ich hob meinen Daumen, alles klar. Eigentlich war nix klar, wusste ich doch überhaupt nicht was die Ursache des Übels war, aber die Maschine lief wieder einwandfrei, wie ein Schweizer Uhrwerk. Nachdem wir die Schleuse passiert hatten, fuhren wir weiter in Richtung Fumay. Es Qualmte immer noch leicht im Maschinenraum, und wir sind weiter mit offener Luke gefahren. Um 14.30 Uhr machten wir dann in FUMAY fest, und die Fehlersuche konnte beginnen.

Der erste Defekt war schnell gefunden, war nicht zu übersehen: Kabelbrand des Anlasserkabels von der Batterie zum Anlasser! Das Kabel war zwar schnell erneuert, aber wieso Kabelbrand??? Konnte keine Ursache in der Elektrik finden. Rätselhaft! Ich startete die Maschine, alles OK, aber es qualmte wieder: Kunststoffschalldämpfer durchgebrannt! Wieso?? Wassermangel! Seewasserpumpe in Ordnung, Keilriemen in Ordnung. Was war passiert?? Nach einiger Überlegung kam die Erleuchtung, Kettenreaktion mehrerer Ereignisse: durch die leichte Grundberührung vor Port Givet hat die Seewasserpumpe wahrscheinlich etwas Schlick angesaugt, welcher im Filter verblieb. Bei höherer Drehzahl hat das den Betrieb wohl nicht gestört. Im Tunnel, bei der langen Fahrt im Leerlauf, und somit ist auch bei langsam laufender Seewasserpumpe kein Kühlwasser mehr gepumpt worden. Infolgedessen ist der Auspuff heiß geworden, der Schalldämpfer ist durchgebrannt, und das Anlasserkabel, welches unmittelbar vor dem Anlasser über den Auspuff lag, ist gleichzeitig heiß geworden, und die Isolierung geschmolzen, und das Kabel hatte Kontakt mit Masse. Das war dann die Ursache für den Kabelbrand, und da im Qualm und Rauch wenig Sauerstoff ist, wurde die Drehzahl der Maschine immer geringer. Fehler erkannt, und beseitigt. Ute hat den Schalldämpfer mit Spezialknete repariert, und wir sind ganz bis nach Los Nietos damit gefahren!!

Am Dienstag, den 27.05.03 um 10.30 Uhr haben wir die Leinen in Fumay losgemacht und sind in Richtung CHARLEVILLE weitergefahren. An diesem Tag haben wir 10 Schleusen und einen 224 Meter langen Tunnel, der weitaus angenehmer war, als der erste, durchfahren. Der Tunnel war beleuchtet, breiter, und nicht so lang. Diesmal hatten wir zwar den Scheinwerfer zur Hand, haben ihn aber nicht gebraucht. Der CANAL D`L-EST, Nordteil hat noch so einige Berge, Felsen, und Burgen und Schlösser zu bieten.

In Charleville befand sich ein kleiner Bootsanleger, für etwa 6 bis 7 Sportboote (richtige Yachthäfen findet man binnen in Frankreich fast überhaupt nicht). Da der Anleger voll besetzt war, und so ca. 50 m weiter ein Ruderclub war, und dahinter Augenscheinlich auch nichts mehr kam, gingen wir bei einem Landsmann längsseits, und machten dort fest. Nachdem wir alles abgestellt, und unser obligatorisches Stromkabel gelegt und angeschlossen hatten gingen wir mit ARON an Land auf einen kleinen Rundgang, und um die nähere Umgebung zu erkunden. Wir überquerten das Gelände des Ruderclub`s, ja, und dann standen wir vor einem nagelneuem, supertollem Yachthafen mit jede Menge Stegen mit Strom- und Wasseranschluss. Super, aber total leer, kein Schiff, nur ein Hausboot, aber das schien dort einen festen Liegeplatz zu haben. Allerdings über der Einfahrt, die wir vom Kanal aus überhaupt nicht sehen konnten, war auch nicht ausgeschildert, befand sich eine Brücke, mit einer Durchfahrtshöhe von 3.00 m!?!? Was das wohl sollte, wo doch auf den gesamten Kanälen und Flüssen die Mindestdurchfahrtshöhe 3.50 m ist, haben wir nie in Erfahrung bringen können. Na ja, egal, wir kamen da ja ohnehin nicht durch, aber alle die anderen Schiffe, die am Anleger lagen, wären dort in den Yachthafen hineingekommen, und somit wäre noch viel Platz gewesen. Aber den Hafen kannte niemand. Alle waren sehr erstaunt, als wir sie danach fragten. Der Hafen war auch nirgendwo eingetragen, na, was soll`s?

Nach einer ruhigen Nacht, wir lagen Längsseits an einem Motorboot aus Deutschland, fuhren wir um 10.10 Uhr weiter und erreichten nach 5 Schleusen, jedoch nur 19 Km den Hafen in Pont a Bar, in dem wir nun Hilfe erwarteten, und wollten festmachen. Nicht so einfach, der Hafen war voll. Hafen ist eigentlich zu viel gesagt. Das ist der Kanal nach Paris, und auf der rechten Seite ist eine Charterfirma mit einer ganzen Reihe von Hausbooten. Auf der linken Seite sind ein paar Privatplätze, dann ein Reparaturbetrieb, dann noch ein paar feste Plätze für die dort liegenden Hausboote von Privatleuten. Längsseitsliegen geht nicht, der Kanal ist nicht breit, und dort fahren noch Penichen. Eine Kölnerin, die dort zeitweilig auf einem Hausboot lebt, hat uns dann weitergeholfen. Der französischen Sprache mächtig hat sie uns einen Liegeplatz bei dem Vercharterer vermittelt. Die angekündigte Reparaturwerkstatt war da, und der Kran auch. Nach Verhandlungen mit dem Werkstattmenschen sollten wir am Freitag mit dem Kran an Land gehoben werden. Ich hatte allerdings so meine Bedenken, aber mal sehen.

In Pont a Bar war der Hund begraben, da war nichts, aber auch gar nix, 2, 3 Häuser und eine Kneipe, und die Werkstatt mit angehängtem Laden für Bootsausrüstung. Und wir mussten 2 Tage warten.

Aber wie das Schicksal es manchmal will, wurde unsere Wartezeit mit einem Knall verkürzt: da tauchte, wir hatten gerade festgemacht und alles abgestellt und aufgeklart, ein kleines, blaues Segelboot auf, mit 2 Männern als Besatzung. Da, wie schon erwähnt, Liegeplätze nicht vorhanden waren, versuchten es die beiden auch bei der Charterfirma, hatten aber kein Glück, wollten dann auf der gegenüberliegenden Seite, wo man eigentlich nicht liegen sollte, anlegen. Der schmale Kanal wurde mit Vorausfahrt überquert, und dann, ich dachte was macht der denn da?, bretterte der kleine blaue Segler so einfach die Pier hoch, ungebremst, das sah richtig gut aus! So lernten wir RUDI kennen. Ich habe ihn nachher gefragt ob er mangels Liegeplätzen gleich mit seinem Schiff an Land wollte. Fand er aber glaube ich nicht so witzig, seine Schaltung hatte geklemmt, und der Gang ging nicht raus, Pech, ist aber außer ein paar Schrammen am Vorsteven nix passiert, Stahlschiff! Wir haben dann gemeinsam die Schaltung wieder etwas gangbarer gemacht und neu eingestellt, war zwar noch nicht das „Gelbe vom Ei", aber Rudi konnte weiterfahren. Wir hatten ja ohnehin Zeit bis Freitag Mittag, und Rudi wollte auch ein paar Tage liegen bleiben, um sich um sein Schiff zu kümmern. Wir kamen dann so ins Gespräch, und Rudi hat dann erzählt wo er herkam und wo er hinwollte. Also, von Jugend an hat er mit kleineren Segelbooten auf Seen in Bayern, und später auch gelegentlich mit großen Charteryachten im Mittelmeer gesegelt. Sein Traum, seit seiner Jugend, war, irgendwann einmal ein paar Jahre mit einem eigenen Schiff im Mittelmeer zu segeln. Nun ist er auf dem Weg, sich diesen Traum zu erfüllen. Das Besondere: Rudi ist mittlerweile 69, fast 70 Jahre jung, aber noch immer gut drauf, ist quasi Rentner (war selbstständig), geb. Münchener, wohnhaft in der Pfalz, und hat sich für ca. 3 Jahre von seiner Familie beurlauben lassen. In Husum hat er sich im April 2003 ein 9 m Stahl-Segelschiff gekauft, in ein paar Wochen an verschiedenen Stellen modifiziert, fahr, bzw. segelfertig gemacht, und zu Wasser gebracht. Bis Lüttich ist sein Sohn mitgefahren. Von Lüttich bis Verdun hat Rudi`s langjähriger Freund Charly ihn begleitet. Ab Verdun war Rudi dann alleine auf sich gestellt. Er wollte weiter bis ins Mittelmeer, dann weiter über Mallorca nach Tunesien, und dann.... mal sehen.

So ganz alleine, ganz schön mutig, oder?

Na ja, aber nun zurück nach Pont a Bar. Sehr gut lagen wir nicht an der Pier der Charterfirma. Die Charter-Penichen haben nicht viel Tiefgang, und unterhalb der Betonpier waren Steine, die schräg abfielen. Wir lagen schon mit dem Heck etwas von der Pier ab, aber wenn der Kanal, an dem Pont a Bar lag, bedingt durch Schleusungen, weniger Wasser führte, lagen wir mit der Landseite auf, und wir bekamen natürlich Schlagseite. War zwar nicht weiter schlimm, aber auch nicht schön.

Bei einem Ausflug auf dem Kanal mit unserem Beiboot wurden wir denn auch `mal angerufen, wir sollten schnell auf unser Schiff kommen, das Schiff kippt um. Die Leute wussten ja nicht das wir mal wieder auflagen, und dadurch Schlagseite hatten. War aber doch nett, oder?

Mittlerweile hatten wir Freitag Mittag, und an Land bei der Werkstatt tat sich auch so einiges, der Kran wurde positioniert, und das Hebegeschirr eingehängt. Wir starteten die Maschine, machten die Leinen los, und fuhren rüber zur Werkstatt. Alles prima, die Hebegurte wurden unter`s Schiff geführt, und an der richtigen Stelle positioniert. Hiev an! Tja, dann kam was ich befürchtet hatte: der Kran hob das Schiff an, bis das Gewicht so richtig zum tragen kam, und dann machte der Kran „dicke Backen", nichts ging mehr, die Sicherheitseinrichtung hatte abgeschaltet! Also, wieder ablassen, und mal sehen, was zu machen ist. Nach mehreren, letztendlich ergebnislosen, Telefonaten nach einem größerem Autokran, entschlossen wir uns weiter zu fahren. Bezahlen brauchten wir nichts, also nicht so wie in Givet. War also wieder nix. Wir sind dann auch noch am Nachmittag weitergefahren. Rudi war auch schon wieder unterwegs.

Um 18.30 Uhr erreichten wir SEDAN, in dessen kleinen, gemütlichen Hafen wir festmachten. Übrigens, wir hatten

in allen Französischen Häfen problemlos Strom und Wasser, ohne Münzautomaten, sollten sich die Holländer `mal ansehen!

Am Samstag, den 31.05.03 sind wir dann um 11.30 Uhr weiter gefahren, immer auf dem Canal d. Lèst Nord. Ein paar Km vor DUN-SUR-MEUSE trafen wir Rudi wieder. Er hatte an der „Grünen Kante" festgemacht und kämpfte gegen Grünzeug im Seewasserfilter an. Er hat den Kampf gewonnen, und konnte weiterfahren. In Dun-sur-Meuse haben wir dann wieder zusammen gelegen. Rudi mit seinem Schiff >RAB<, und Freund Charly, und wir mit unserer >ORION<. Unser „Seehund" ARON fand das, glaube ich, gar nicht so toll, fast jeden Tag ein anderer Hafen mit anderem Landgang, immer wieder umgewöhnen. Aber auch immer wieder neue Gerüche, das fand er denn auch wieder gut! Er hat sich aber wohl oder übel daran gewöhnt, und wir hatten den Eindruck, das es ihm immer besser ging. Aron hatte ja auch viel mehr Bewegung als sonst, tat ihm anscheinend gut.

In Dun-sur –Meuse haben wir einen Ruhetag eingelegt. . Hier war der Kanal relativ sauber, und die Wassertemperatur lag so bei 20 Grad, und Ute ist in`s Wasser, und ist unter`s Schiff getaucht, um zu sehen, was da unten an Welle und Propeller beschädigt war. Sie konnte das aber nicht so genau feststellen, war doch im Kanalwasser nicht so viel zu sehen, meinte aber das der Propeller ganz normal aussehe, und die Welle, na ja, kann man nicht so genau sagen. Auf jeden Fall konnte ich den Propeller nur sehr schwer von Hand drehen. Das Schiff musste auf jeden Fall aus dem Wasser.

Am Montag, den 02.06.03 um 11.15 Uhr in Richtung VERDUN weiter gefahren. Rudi war schon früher weiter geschippert, aber noch weit vor Verdun haben wir ihn

reparierender weise an irgend einer „Grünen Kante"
wiedergetroffen. Hilfe brauchte er nicht, der Impeller der
Seewasserpumpe hatte den Geist aufgegeben, und er
hatte schon einen neuen Impeller eingebaut. Wir sind also
weitergefahren, mit der Zusage, wenn irgend was sein
sollte kämen wir zurück, wir hatten ja Zeit. Um 18.30
Uhr haben wir in Verdun festgemacht. Nach einem
kurzen Bummel am Rande von Verdun haben wir uns an
die Promenade gesetzt, und haben bei einem Panache`
beobachten können, wie „unser" Rudi ankam, und
mangels weiterer Liegeplätze, bei uns Längsseits
festmachte. Tja, so lagen wir wieder zusammen, diesmal
in Verdun, `mal sehen wie`s weitergeht. Zusammen
haben wir uns noch Verdun angesehen.

Wir wollten am nächsten Tag weiter, sind auch zur
nächsten Schleuse gefahren, in Verdun, aber der
Schleusenwärter erzählte uns, das 2 Schleusen weiter
gestreikt würde, und es da nicht weiterginge. Wir sind
also zurückgefahren, und haben wieder angelegt. Nach
einem Stadtbummel haben wir den Tag ausklingen
lassen. In Verdun ist Liegen inkl. Strom und Wasser
kostenlos, supertoll!! Aber trotzdem sind wir am
nächsten Tag weiter gefahren. Rudi hatte schon vor uns
die Leinen losgemacht, und war entschwunden.
Verabschiedet hatten wir uns schon am Abend vorher,

zumal Rudi`s Freund Charly von Bord ging, und wir ihn ja sicherlich nicht wiedersehen würden.

In SAINT MIHIEL, unser nächster Hafen, trafen wir Rudi dann wieder, und Charly war doch noch an Bord. Wir hatten längsseits an einem holländischem Motorboot festgemacht, und Rudi wollte sich mit seinem Segelboot am Ende des Steges an ein paar Bäumen hängen. Nach mehreren Leinenweitwurfversuchen ist ihm dieses auch gelungen Am nächsten Tag fuhr Rudi dann weiter zu irgend einem Hafen, um Charly, der dort abgeholt werden sollte, abzusetzen, und wir fuhren nach PAGNY, ein kleiner Ort mit voll besetztem Anleger. Hier durften wir dann teils am Steg, und teils an Bäumen festmachen. Ging auch. Der Ort war recht trostlos, nix los. Somit sind wir am nächsten Tag weiter gefahren, nach TOUL.

In Toul war ein recht schöner Yachthafen, auch für ARON, konnte er doch alleine von und an Bord, und da waren ja so viele Hunde, und so viele Gerüche, ich glaube er hat sich da eine viel größere Nase gewünscht.

Wir sind 4 Tage dort geblieben, und unseren Rudi haben wir dort auch wieder getroffen, war auch eigentlich klar, er hatte ja die gleiche Richtung wie wir, zum Mittelmeer!!!

So langsam mussten wir nun sehen, das wir unsere >ORION< irgendwie aus dem Wasser bekamen, um den Wellen-, oder Propellerschaden, oder auch beides, zu reparieren. So genau wussten wir ja noch immer nicht was alles beschädigt war. Jürgen meinte, das in St. Jean de Losne auf jeden Fall die Möglichkeit bestünde, das Boot an Land zu bekommen um die erforderliche Reparatur durchzuführen. Aber das war noch sehr weit weg, noch über 300 Km. Wir haben erst noch was anderes versucht. Mir war eingefallen, das Ariane, meine Tochter, mehrere Jahre in Frankreich bei Aerospace tätig war. Das hat zwar nichts mit Schiffen zu tun, sondern mit Flugzeugen, aber sie konnte französisch, und hatte sicher noch so einige Verbindungen. Also habe ich sie angerufen, und ihr unser Problem geschildert, das es wohl kaum möglich sei das Schiff an Land zu bekommen. Habe ihr erklärt wo wir sind, und wie unsere weitere Fahrtroute verläuft. Irgendwo, irgendwie, auf diesem Weg müsste doch irgend etwas zu machen sein. Nach so etlichen Telefonaten kam dann auch ein Superergebnis zu Tage. Sie hatte eine Werkstatt in Richardmenil, am CANAL D LÈST; Südteil, ausgegraben, die einen entsprechenden Autokran auftreiben würden, und wo ich auch die entsprechende Reparatur durchführen könne. Die Reparatur müsste ich selber machen (wollte ich ja ohnehin, bis auf Eratzteile Anfertigen, die müssten besorgt werden). Der Werkstattinhaber würde, sofern er Zeit hat, mir zur Not auch helfen. Das hörte sich ja alles supertoll an, und ich sagte Ariane, das wir am 10.06.03 vor Ort seien, und das hat sie dem Werkstattmenschen dann auch mitgeteilt. Die Firma sollte übrigens CARANAUTIC heißen, na, schauen wir mal! War ja nur noch ca. 30 Km weit zu fahren.

Am Dienstag, den 10.06.03 um 09.00 Uhr machten wir in Toul die Leinen los, und fuhren also in Richtung RICHARDMENIL. Mal schauen was uns dort erwartete. Um 14.00 Uhr machten wir an der „Pier" von CARANAUTIC in RICHARDMENIL fest. Nach einem Gespräch mit dem Inhaber der Firma Caranautic stellten sich so einige Missverständnisse in Hinsicht auf die Lagerung des Schiffes heraus, die aber dank der Vermittlung von Ariane mittels mehrerer Telefonate beseitigt werden konnten. Eine Autokranfirma wurde angerufen, und ein paar Stunden später war auch schon ein kompetenter Mensch von der Kranfirma vor Ort, um sich die Sache anzusehen. Nachdem er sich alles angesehen hatte, nannte er und den Preis für „Rausholen, Aufbocken und wieder Reinbringen": 1200.00€!! Wir akzeptierten den Preis und machten einen Termin für den nächsten Tag fest, 14.00 Uhr am 11.06.03 sollte der Autokran da sein. Na, mal sehen.

Am nächsten Tag , pünktlich um 14.00 Uhr war ein 90-Tonnen Autokran an Ort und Stelle. Der Kran wurde positioniert, und ein paar Minuten später hing unsere >ORION< am Kranhaken und schwebte über die Dächer der Werkstatt hinweg. Der Kranfahrer gab mir dann das Gewicht des Schiffes, welches er an seinen Instrumenten ablesen konnte, an: 15 Tonnen!! Musste ich ja nun meine Gewichtsvorstellung von vor so einigen Jahren korrigieren.

Nun ging`s ans Aufbocken, nicht ganz so einfach. Der
Chef hatte schon eine ganze Menge Hölzer und Stahlteile
vorbereitet (hat sich wirklich sehr viel Mühe gemacht,
wo er doch eigentlich gar keine Zeit hatte, toll). Das
Schiff hing noch am Haken, lag aber schon vorne und
hinten auf den Böcken, als der Chef, ich weiß nicht
warum, das Schiff vorne mit einer Hydraulikpresse
anheben wollte. Da das Schiff etwas nach vorne in den
Gurten hing, kippte der gesamte Unterbau weg, und das
Schiff machte, oh Schreck lass nach, einen gewaltigen
Satz nach unten, hing aber ein paar mm überm Boden
fest in den Gurten. Noch mal gut gegangen, der
Kranfahrer hat wohl auch superschnell reagiert. Na ja,
anschließend klappte das Aufbocken doch recht gut, und
der Chef war noch eine ganze Weile damit beschäftigt
das Schiff zu Sichern. Nun konnten wir auch endlich den
Schaden an Welle und Propeller begutachten. Der
Propeller war völlig in Ordnung, lediglich die Welle war
verbogen. Die Ruderblätter waren auch in Ordnung. Ich
habe   dann   den   Bb-Propeller   abgebaut,   die

Wellenkupplung demontiert, und die Welle herausgezogen. Als ich mit der Welle in die Werkstatt zum Chef der Firma Caranautic kam, legte der sofort seine momentane Arbeit zur Seite, schaltete sein Schweißgerät aus, sah sich die verbogene Welle an, kratzte sich am Kopf, nahm die Welle, und los ging`s. Presse, Drehbank, Presse, Drehbank, Presse, Drehbank, usw., man konnte förmlich sehen wie ihn der Ehrgeiz mehr und mehr packte, er war richtig mit Begeisterung bei der Sache. Nach gut einer Stunde hin und her zwischen Presse und Drehbank war die Welle völlig gerade, wie vorher, super!! Voller Stolz gab er mir die Welle, und ich war natürlich heilfroh, das dass so gut geklappt hat. Der Mann war super, einfach super. Aber als ich ihm sagte er möge doch am nächsten Morgen den Autokran ordern, hat er mich doch so eigenartig angeschaut, als ob ich von einer anderen Welt wäre. Ich versicherte ihm dann aber, das ich noch am selben Tag alles wieder zusammenbauen, und auch noch bei beiden Wellen neue Wellenlager einbauen würde. Er konnte das , so glaube ich, nicht fassen, es sah auf jeden Fall so aus, als ob er mir das nicht so recht abnahm. Jedenfalls versprach er mir, am nächsten Morgen den Autokran zu bestellen. Der Chef war noch recht lange in seiner Werkstatt, und ehe er nach Hause fuhr, schaute er noch mal vorbei. Die Werkstatt hat er für uns offen gelassen, falls ich `mal etwas brauchte. So gegen Mitternacht war dann die Reparatur beendet, und nach ein paar Charly`s beendeten wir dann den Tag.

Am nächsten Morgen schaute der Chef gleich nach dem Rechten, und hat dann auch gleich den Kran bestellt, der dann um 16.00 Uhr wieder vor Ort sein wollte. Nun, ich hatte also noch Zeit, nach der Bb-Maschine zu sehen, die hatte ja noch nicht wieder gelaufen, aber nun brauchte ich sie ja wieder. Nach der Grundberührung hat sie ja nicht mehr gedreht, und ich wusste auch noch gar nicht warum nicht. Als ich der Sache auf den Grund ging, stellte ich fest, das Wasser auf den Kolben stand. Erst einmal die Glühkerzen raus, und durchgeblasen. Kerzen wieder reingeschraubt, und nach dem Öl geschaut: Wasser im Öl. Ölwechsel war fällig, aber wieso Wasser auf den Kolben und im Motoröl??? Vielleicht nach der Grundberührung, als der Motor stehen geblieben war, Wasser durch den Auspuff zurückgesaugt? Wir lagen nach dem Bunkern doch recht tief im Wasser. Na, auf jeden Fall startete die Maschine problemlos, und lief einwandfrei. Ich wollte die Geschichte doch erst einmal beobachten. Ich habe aber zur Vorsicht noch zwei Entlüftungen, jeweils an den Auspuff-Schwanenhälsen beider Maschinen eingebaut. Da wir noch Zeit hatten, bis der Kran kam, haben wir noch das Schiff etwas gereinigt, musste ja auch `mal sein.

Zwischendurch hat der supernette Chef von Caranautic mich zum nächsten Ort zur Bank gefahren, musste ich doch den Kran und die Reparatur bezahlen. War alles kein Problem.

Der Autokran stand wieder mal superpünktlich an Ort und Stelle, und >ORION< war Minuten später wieder in seinem Element. Da der Kanal nicht tief war, und wir mit der Bb-Seite an der Uferböschung lagen, wollte ich den Propeller nicht unnötig drehen, war doch augenscheinlich alles in bester Ordnung. Von Hand ließ sich die Bb-Welle jedenfalls sehr leicht drehen. Der Chef wollte natürlich wissen, ob alles ok sei, aber ich erklärte ihm, das ich nicht drehen wollte, er verstand. An diesem Tag sind wir dann auch nicht mehr weiter gefahren.

Den Autokran hatten wir ja nun Bezahlt, nun wollten wir `mal sehen was uns der Chef von Caranautic für seine Bemühungen, für seine Arbeit, für Strom und Wasser und für die Autofahrt zur Bank in Rechnung stellte. Wir haben , glaube ich, ganz schön Blöd ausgesehen, als der gute Mann so einfach sagte: „ Nichts, alles Service"!! Ich sagte ihm, das ginge doch nicht, er müsse doch wenigstens seine Arbeit bezahlt bekommen, meinte er, nach langem hin und her, er würde dann für seine Arbeit 15.00€ nehmen. Unmöglich, ich habe ihm dann doch 50.00€ andrehen können, super, empfehlenswert die Werkstatt!!

Ute hatte natürlich alles gefilmt und noch etliche Bilder gemacht. Ein Bild vom Chef hat Ute ausgedruckt, auf eine Flasche Mariacron geklebt, und dem Chef überreicht, ehe wir am Freitag, den 13.06.03 um 08.50 Uhr die Leinen in Richardmenil losgemacht haben und in Südrichtung weiter gefahren sind. Wir sind, nach dem Ablegen noch einmal vor der Firma Caranautic hin und her gefahren, und konnten dem am Ufer stehendem Chef noch bestätigen, das seine Arbeit ein voller Erfolg sei, er hat sich richtig gefreut, aber wir, glaube ich, noch mehr!!

Wir haben ein paar Tage später Ariane angerufen, uns für ihre Superbemühung, und die ihrer französischen Kollegin, bedankt, und sie gebeten, noch `mal bei Caranautic anzurufen, um noch einmal in unserem Namen Dank zu sagen. Hat sie auch getan, mit dem Ergebnis, wir sollten doch noch einmal vorbeischauen, aber dann ohne Reparatur, einfach nur so! Netter Mensch!!

So, weiter ging`s, endlich wieder mit beiden Maschinen und beiden Propellern.

Unser nächster Ort hieß CHARMES, wo wir um 15.55 Uhr festmachten. Bei der Ölkontrolle stellte ich wieder Wasser im Öl der Bb-Maschine fest. Wo kam das her? Beim Abstellen durch den Auspuff zurückgesaugt, geht nicht; defekter Ölkühler?? Wassergekühlter Auspuffkrümmer defekt?? Zylinderkopfdichtung zwischen Ölübertritt zum Zylinderkopf und Kühlwasserkanal defekt?? Letzteres sehr unwahrscheinlich, zumal ich kein Kühlwasserverlust feststellen konnte.

Von Charmes sind wir am Samstag, den 14.06.03, um 08.35 Uhr mit der Stb-Maschine weiter gefahren.

Um 18.30 Uhr machten wir vor der Schleuse in GIRANCOURT fest, Feierabend , keine Schleusung mehr. Na ja, eigentlich hatten wir auch mit 32 Schleusen für den heutigen Tag genug getan. Hier trafen wir auch zwei deutsche Motorbootbesatzungen mit ihren Booten. Waren sehr nette Leute, die wir dann noch ein paar mal getroffen haben, und ARON hatte vorübergehend eine neue Freundin, eine kleine Yorkshirehündin, und einen Leckerli-Liferanten.

Am Sonntag, den 15.06.03 um 09.20 Uhr sind wir dann weiter gefahren, und wieder Schleuse auf Schleuse. Um 16.10 Uhr machten wir dann hinter der Schleuse in UZEMAIN fest, weiter ging`s an diesem Tag nicht, Sonntag. Am Montag fuhren wir weiter nach FONTENOY le CHATEAU wo wir dann um 14.00 Uhr anlegten. Dort trafen wir dann auch unseren Rudi wieder, und auch die netten Motorbootfahrer, und ARON bekam auch wieder seine Leckerli`s. Fontenoy le Chateau ist ein richtig altes Dorf, mit engen Gassen und jede Menge altes Gemäuer, so richtig schön, wir sind auch einen Tag geblieben. Da war auch ein kleiner Kaufladen, die haben sogar die Waren an Bord gebracht.

Ich habe noch den Bb-Ölkühler ausgebaut, und abgedrückt, war dicht, lag da also nicht dran, das ich Wasser im Öl hatte. Also wieder eingebaut und angeschlossen. Ölwechsel gemacht, und `mal weitersehen.

Von Fontenoy le Chateau sind wir dann am Mittwoch weiter gefahren bis CORRE, diesmal wieder mit beiden Maschinen, wo wir um 14.35 Uhr festmachten. Bei der anschließenden Ölkontrolle war so gut wie kein Wasser im Öl festzustellen, eine ganz geringe Wasserspur konnte noch im Ölkreislauf gewesen sein?!? Mal beobachten! Am nächsten Tag haben wir in Corre um 11.00 Uhr die

Leinen losgemacht, und sind in Richtung PORT-sur-SAONE weiter gefahren. Nach so ca. einer Stunde habe ich dann das Öl kontrolliert, und wieder reichlich Wasser im Öl. Musste ich mir also bei nächster Gelegenheit den Auspuffkrümmer vornehmen. Um 16.00 Uhr erreichten wir das Städtchen Port-sur-Saone. Dort trafen wir auch unsere Netten Motorbootfahrer wieder. ARON bekam natürlich wieder sein Teil, und für uns hatten sie sich schon nach einer Reparaturmöglichkeit für unsere Maschine erkundigt. Die Gegebenheiten waren ihnen, da sie schon des öfteren hier waren, bestens bekannt. Das war doch wirklich supernett, oder? Wir haben uns recht herzlich bedankt, aber wir wollten doch erst einmal selbst der Sache auf den Grund gehen. Am nächsten Tag ging`s um 10.00 Uhr weiter. Wie weit wir fahren wollten wussten wir noch nicht so genau, wir fassten den Hafen in GREY in`s Auge,

aber dort angekommen, stellten wir fest, das kaum Anlegemöglichkeiten für unsere >ORION< bestanden. Trotz 70 Km,13 Schleusen, und 2, allerdings beleuchtete, Tunnel, einer 680 m, und der andere 643 m, fuhren wir also weiter.

Kurz darauf rief unser Rudi an er sei unmittelbar vor einem kleinen Anleger, und wir sollten da mal hinkommen, Platz sei da auch noch. Entfernung so ca. 6 bis 7 Km. Also, nix wie hin. Nach so etwa einem Km tauchte auf der rechten Seite ein kleiner Bootshafen auf, da hätten wir auch angelegt, aber wir hatten Rudi ja versprochen zu ihm zu kommen. War ja auch egal, Hauptsache wir bekamen einen Liegeplatz. Nach ca. einer halben Stunde sichteten wir unseren Rudi: saß fest auf einer Sandbank, kurz vor dem Anleger, die Leine in der Hand, und wartete auf uns. Hatte er uns allerdings nichts von gesagt. Vom Anleger aus hatte ihm keiner geholfen, verstehen wir bis heute noch nicht. Wir haben Rudi dann freigeschleppt, aber mit Anlegen am Steg, war nix, war voll belegt. Na denn! Ich sagte lass uns die paar Km zurück zu dem kleinen Hafen, den wir gesehen hatten, fahren. Auf halbem Weg etwa, saßen direkt hinter einer Biegung ein paar jugendliche Angler, mit ihren blöden Angelschnüren mitten im Fahrwasser. Habe ich zu spät gesehen, ein Ausweichmanöver hat nichts mehr gebracht, eine Angelschnur musste dran glauben. Riesengezeter, aber was soll`s, war nicht zu ändern, sind dann weiter gefahren. Kurz vor dem kleinen Hafen kamen dann auf einmal Steine geflogen, und das hintere Stb-Fenster ging in die Brüche. Waren die Vollidioten mit dem Moped am Ufer langgebrettert, und haben uns mit Steinen beworfen. Das haben zwar einige Hafenlieger gesehen, aber was soll`s, zur Polizei gehen? Anzeige erstatten? Bringt das was, außer Ärger und Aufenthalt?

3

Wir beschlossen die Sache der Einfachheit halber auf sich beruhen zu lassen, und fuhren nach einer unruhigen Nacht (wer weiß ob die nicht noch `mal auftauchten) dann am nächsten Morgen weiter. Übrigens, der kleine, eigentlich ganz tolle Hafen hieß ARC-LES-GREY. Um 18.50 Uhr erreichten wir den Ort ST. JEAN D`LOSNE, in dessen riesengroßen Yachthafen wir festmachten. Der Hafen war ganz toll, und wir beschlossen ein paar Tage hier zu bleiben. Da die Liegegebühren für eine ganze Woche nicht höher waren, als für 4 Tage, blieben wir natürlich eine ganze Woche, war richtig toll. Hier befanden sich Bootsausrüster und auch Werften, bzw. Reparaturbetriebe, also eigentlich alles, was das Herz eines Skippers Routieren lässt. Die Bordfrau kommt auch nicht zu kurz. Zuerst einmal haben wir eine neue Scheibe eingebaut, ein neues Echolot und einen el. Kompressor bestellt (ist nicht alles am Lager, wird aber alles sofort bestellt, und ist dann auch ein paar Tage später da). Dann habe ich den Bb-Auspuffkrümmer ausgebaut, und siehe da, war zwischen Zylinder-Stutzen 1 und 2 durchgerostet, daher also das Wasser im Öl! Na ja, hin zur Werkstatt mit dem Ding. Der Chef sah sich das Ding an, und meinte er wolle mal sehen was zu machen sei, ich sollt am nächsten Nachmittag mal wieder reinschauen, ok. Am nächsten Tag zeigte er mir dann was Sache war. Er hatte ein Fenster in den Mantel geschnitten, und was da zu sehen war, sah gar nicht gut aus, war ganz schön verrottet. Reparieren ging nicht, war nicht zu Schweißen. Neuanfertigen war auch nicht das „Gelbe vom Ei", hatte er auch keine Zeit für. Also, was tun? Wir beschlossen dann, das Fenster im Mantel des Krümmers wieder zuzuschweißen, und den Auspuffkrümmer ohne Wasserkühlung zu fahren. Gesagt, getan. Ich habe das

Ding, nach dem Zuschweißen wieder abgeholt und eingebaut. Die Wasserführung habe ich geändert, Ölwechsel durchgeführt, die Maschine gestartet, und alles lief, auch ohne Wasserkühlung am Auspuffkrümmer. Die Auspuffkrümmertemperatur lag bei ca. 75% Belastung bei 275 Grad, und da beim Auspuffkrümmer alles frei ist, kein Problem, hat auch während der restlichen Reise problemlos funktioniert. Wasser im Öl gehörte der Vergangenheit an.

In St. Jean d`Losne trifft sich eigentlich so alles, was nach Süden will, oder umgekehrt. So trafen wir dann auch unsere netten Motorbootfahrer wieder, und die waren ganz begeistert, das meine Maschine wieder in Ordnung war. Rudi trafen wir natürlich hier auch wieder, und noch so einige andere Mitstreiter.

Das bestellte Echolot, und der Kompressor waren auch inzwischen eingetroffen. Das Echolot, ein ganz tolles Gerät, hatte ich mit Heckschwinger bestellt, weil ich ja kein Loch ins Schiff bohren konnte, für den Schwinger (der eingebaute passte nicht für das Gerät). Ich baute den Schwinger am Heck, also an der Badeplattform, an. Das Kabel zwischen Schwinger und Anzeigegerät war nur 6 m, und reichte so gerade, bei Verlegung quer durchs Schiff. Sah, bzw. sieht immer noch, nicht gut aus, sollte ja auch nur provisorisch sein, bis ich `mal was richtiges einbauen konnte. Aber egal, so ganz ohne Echolot zu fahren ist auch nicht das Wahre. Den el. Kompressor habe ich natürlich auch gleich eingebaut, und an meine Schaltung angeschlossen. Ich hatte schon den größeren Kompressor gekauft, aber das war mal wieder nix, außer viel Krach vom Kompressor her kam da nur so ein leiser Lufthauch am Signalhorn an. War also auch nix, und an einen Druckaufbau, um meine Maschinen damit abstellen zu können, war überhaupt nicht zu denken. Na ja, was soll`s, wir hatten ja immer noch das el. Signalhorn, und uns ging`s trotz allem supergut. Wir nutzten die Zeit zum Relaxen und spazieren zu gehen. Unser Gasvorrat ging auch so langsam zur Neige, und wir haben auf französische Gasflaschen umgestellt, ging auch! Wir haben hier in St. Jean d`Losne im Hafen bei der Werft einen ganz tollen Laden für Bootsausrüstung, eingerichtet in einem alten Binnenschiff, gefunden, ganz toll.

Hier im Hafen haben wir uns dann noch zwei Planen, für unser Bimini-Top, anfertigen lassen. Gute, schnelle Arbeit.

Am Sonntag, den 29.06.03 sind wir, nachdem wir 550 Liter Diesel gebunkert hatten, um 12.00 Uhr weiter gefahren. Siehe da, das neue Echolot funktionierte auch nicht! Die Wassertemperatur wurde zwar angezeigt, aber keine Wassertiefe, super! Die Ursache war allerdings ganz einfach: Der Heckgeber war an der Badeplattform völlig falsch positioniert! Luftwirbel vom Propeller ließen einfach keine brauchbare Messung zu. Bei ganz langsamer Fahrt, im Leerlauf, funktionierte das Gerät. War aber nun nicht mehr zu ändern, Pech! Um 16.10 Uhr legten wir in VERDUN-SUR-LE-DOUBS an. Kurze Zeit später kam dann auch unser Rudi angeschippert. Es kristallisierte sich immer mehr heraus, das Rudi unser ständiger Begleiter wurde, aber wir hatten ja auch das gleiche Ziel: das MITTELMEER!!

Nachdem Rudi seinem Handy das Schwimmen beigebracht hatte, wurde der Abend noch ganz gemütlich (Handy funktionierte nach dem Trocknen wieder).Am Montag ging es dann weiter, und um 16.40 Uhr machten wir unsere >ORION< in TOURNUS fest, was gar nicht so einfach war. Der Anleger war nicht sehr lang, aber eigentlich war noch genügend Platz, sicherlich noch für mindestens zwei Schiffe unserer Größe, aber da ja anscheinend so einige Bootfahrer ein wenig hohl in der Birne sind, war so gut wie gar kein Platz mehr. Drei Boote lagen ordentlich am Anleger, dann kam eine Lücke von über einer halben Schiffslänge, dann lag da ein Segelboot, dann kam wieder eine große Lücke, gut eine halbe Bootslänge, dann lag da eine Peniche, ein Charterboot, dann kam eine etwas größere Lücke, danach folgte ein holländisches Motorboot, dann wieder eine beachtliche Lücke, und als letztes lag da noch ein Motorboot, ein Franzose. Also wohin? Es wurde nur blöd geschaut, aber Anstalten ein wenig zusammen zu rücken, machte niemand. Wir entschlossen uns, in der Lücke zwischen der Peniche und dem Holländer anzulegen. Ich hatte die Lücke etwas größer eingeschätzt, als unser Boot ist. Na, schauen wir `mal, was sich tut. Nichts tat sich, absolut nichts! Auf der Peniche saß man nur tatenlos rum und hat wohl nur darauf gewartet das es kracht. Der Holländer vor uns tat auch nix, hatte nur Angst um sein Beiboot und sein Schiff, brüllte irgend was vor sich hin, und ruderte mit Händen und Beinen was in der Gegend umher. Ich habe unser Schiff in die Lücke bugsiert, ohne irgendwas zu berühren, na siehste, geht doch. Vorne und hinten hatten wir noch jeweils so 10 cm Platz, reicht doch. Die Blöden Gesichter hätte man Fotografieren sollen, haben wir aber nicht dran gedacht, Ute hat nur noch Bilder gemacht, wie wir da Lagen. Der von der Peniche sagte gar nichts, und der Holländer murmelte was von „konnte nicht vorrücken" und entschwand. Es gibt eben manchmal sehr hilfsbereite Leute, ganz toll!

7

In Tournus legten wir am Dienstag, den 01.07.03 um 12.00 Uhr ab, passierten um 15.00 Uhr MACON, und konnten um 16.00 Uhr in PORT ARCIAT festmachen. Auf der Saone wurden die Schleusen merklich weniger, und auch die Zahl der Mitstreiter wurde erheblich geringer. Man traf wohl noch eine ganze Reihe Fahrensleute, aber man sah immer weniger bekannte Gesichter oder Boote. Die Saone ist eigentlich ein recht ruhiges Gewässer, kaum Strömung, aber viel Umwelt, und wir waren froh, den Canal d`Lest hinter uns gelassen zu haben.

Um 10.10 Uhr, am Mittwoch, den 02.07.03 machten wir die Leinen in Arciat los, und fuhren weiter gen Süden. Beide Maschinen taten ihren Dienst unten im Keller, während wir die Aussicht betrachten konnten. Doch so gegen 11.30 Uhr knallte es gar fürchterlich tief unten im Maschinenraum: die Bb-Maschine hatte es `mal wieder erwischt. Abstellen und runter war wieder mal eins. Zu sehen war nichts besonderes, also Anlasser betätigt, und Die Maschine starten. Sprang auch an, und knallte gar fürchterlich aus dem Ansaugfilter. Meine schnelle Diagnose war: Ventil durchgebrannt, schauen wir `mal. Wieder mal mit einer Maschine fahren, kannten wir ja

8

schon zur Genüge. Um 15.50 Uhr legten wir in ST. GERMAIN AU MT.DOR, ein kleines Nest, nix los, an. Aber Panache konnte man am „Hafen" ganz gut trinken, und essen konnte man da sicher auch ganz gut, `mal schauen. Steak bestellt, und guten Appetit!! Pech, Ute hat gedacht sie hätte Kaugummi, oder so was ähnliches bestellt, meins war ganz brauchbar. Die französische Küche hat uns eigentlich nirgendwo überzeugen können. War also nix!!

Am nächsten Morgen um 09.00 Uhr sind wir dann weiter gefahren, Richtung LYON, war ja nicht weit. Wir sind langsam durch Lyon gefahren, und haben sicherlich nicht nur einmal an unser Malheur im vorigem Jahr mit ISUZU und >WOTAN< gedacht. War aber auch links und rechts viel zu sehen. Wir wollten eigentlich so einige Tage in Lyon bleiben, aber mangels Liegemöglichkeiten mit Strom und Wasser beschlossen wir kurzfristig doch weiter zu fahren. Mal sehen, was unser Rudi so vor hat, der wollte zwar am Stadtanleger, ohne Strom und Wasser, festmachen, aber schauen wir `mal. Wir fuhren also in die Rhone ein, in Richtung Schleuse. Die erste Rhone-Schleuse! Man hatte uns doch so einige Schauergeschichten von der Rhone und deren Schleusen erzählt. Nur die netten deutschen Motorbootfahrer, die wir ja unterwegs kennen gelernt hatten, haben diese „Horrorgeschichten" etwas entschärft. Na, schauen wir mal .Wir kamen vor der Schleuse an, ROT, warten war angesagt! Nach einiger Zeit kam GRÜN, aha, ein Berufsschiff kam aus dem Hafen, hatte natürlich Vorrang, logisch! Das Berufsschiff fuhr in die Schleuse ein, noch jede Menge Platz. Denkste: ROT! Schleuse geht zu! Was soll das denn? Versteh einer die Schleusenwärter!?!? Na ja, dümpeln wir also weiter vor der Schleuse hin und her.

Inzwischen war unser Rudi auch in der Ferne aufgetaucht, konnten wir ja zusammen die nächste Schleusung nehmen. Na, wieder mal: Denkste! Plötzlich ein grausames geklöter unter unserem Schiff. Sofort ausgekuppelt, und Ruhe. Ich kann doch vor der Schleuse, also praktisch im Fahrwasser, keine Grundberührung haben. Vielleicht ein Balken, oder so was ähnliches, unter Wasser? Nochmal kurz eingekuppelt, aber noch das gleiche. Nix ging mehr, antriebslos treiben lassen, und das vor der Schleuse, nicht zu ändern. Rudi war inzwischen auch vor der Schleuse, und wir haben ihm schnell zu verstehen gegeben, das wir keinen Antrieb mehr haben, und er uns auf den Haken nehmen müsse. Geschnallt, Leine rüber, und ab, weg von der Schleuse. An einer Spundwand auf der anderen Seite haben wir dann festgemacht. Erst einmal sehen, was Sache ist, schnell gefunden: Die Welle hatte sich, wieso auch immer, aus der Kupplung gezogen, war also nach achtern gerutscht, und der Propeller war gegen das Ruderblatt geschlagen. Kupplung auseinander geschraubt, wieder auf der Welle befestigt, zusammengeschraubt, und fertig, lief alles wieder wie es sich gehört.

Zu diesem Zeitpunkt beschlossen wir auch die 2 Km nach Lyon zurück zu fahren, da war doch eine Werft, oder so was ähnliches. Vielleicht könnte ich dort meine Bb-Maschine reparieren. Gesagt, getan, also das kurze Stück zurück. Da war aber keine Werft, oder Werkstatt, oder so was ähnliches. Aber egal, da wo wir gedacht hatten war jedenfalls, zwischen mehr oder weniger maroden Schiffen , ein Liegeplatz, wie für uns gemacht. Also angelegt, Rudi bei uns längsseits, und an Land. Wir lagen direkt vor einem kleinem Restaurant, nicht schlecht, haben erst mal ein Panache bestellt! Den Wirt

frugen wir dann, ob wir dort liegen bleiben können, für eine Reparatur. Er verwies uns an den zufällig anwesenden „Hafenmeister". Der bejate unsere Frage, wollte aber jede Menge Euros haben. Nach längerer Verhandlung einigten wir uns auf 75.00€ für eine Woche und ein Schiff. Rudi wollte an einem in der Nähe liegenden Stadtanleger festmachen. War also auch geregelt, und wir machten uns Gedanken über die bevorstehende Reparatur der defekten Maschine. Ich habe in Deutschland , bei Ute`s Tochter Tanja so einige Ersatzteile deponiert (zum Mitnehmen alles zu schwer, und man kann eben nicht alles an Bord haben, weiß man ja nie was kaputt geht), unter anderem auch einen kompletten Zylinderkopf mit allen Ventilen, Einspritzdüsen und Glühkerzen. Wir wollten Tanja anrufen, das sie uns den kompletten Zylinderkopf nach Lyon schickt, was bei ca. 30 Kg sicher nicht so einfach ist, beschlossen dann aber, doch erst einmal genauer an der Maschine zu untersuchen, ob das nicht doch einfacher ginge. Da wir im Restaurant saßen, sagte ich, Ute möge mir noch ein Panache bestellen, ich würde inzwischen ein paar Teile von der Maschine abbauen.
Ich stieg also in meinen geliebten Keller, und baute den Zylinderdeckel und den Ansaugkrümmer ab. Zu sehen war zunächst nichts. Nach Betätigen des Anlassers konnte ich feststellen, das daß Knallen von Zylinder 1 kam, konnte aber kein defektes Ventil ausmachen, schien alles ok., dann fiel mir auf, das der Kipphebel vom Auslassventil des ersten Zylinders so komisch aussah: gebrochen! Die Ursache, und auch der Schaden waren gefunden!

Ich ging wieder in`s Restaurant, um zu berichten, und um mein, schon auf mich wartendes Panache zu genießen. Tanja brauchte uns also nur einen neuen Kipphebel zu schicken, aber wohin? Wir haben den Herrn Baumgard vom DSV/Kreuzerabteilung im Mittelmeer angerufen, und der hat dann per französischer Sprache mit dem Wirt des Restaurants vereinbart, das wir das Ersatzteil an seine Adresse schicken lassen könnten, also an RAMBAUD NAUTIC (so hieß das da alles). Also, Tanja angerufen, ihr alles erklärt, Anschrift durchgegeben, und alles ein wenig eilig gemacht.

So, nun hatten wir ja viel Zeit, wir rechneten mit einer Woche, zum Bummeln, zum Einkaufen, für kleine Besichtigungen, und zum Schnacken. Ganz in der Nähe war eine Minimotorrad-Rennbahn, auf der ausgewachsene Männer auf Minimotorrädern (so etwa 40 cm hoch) Rennen fuhren, das sah vielleicht witzig aus. So ab und zu sind wir mit unserem Beiboot, >KLEIN ORION< zu Rudi zum Stadtanleger gefahren, zum Schnacken oder auch um von da aus in die Stadt zu gehen, einkaufen und Eis essen! Die Zeit verging relativ schnell, und das Wetter war ganz toll, schön warm. In dem Restaurant gab es allem Anschein nach recht gutes Essen, war jedenfalls mittags und abends immer sehr voll, musste also gut und preiswert sein. Einmal wollten wir dann auch die Küche testen, aber Pech gehabt, an dem Abend war die Küche geschlossen. Aber da die Wirtsleute uns ja schon kannten, wurde uns ein ganz toller Salat, und eine richtig leckere Wurstplatte hergerichtet, ganz toll. Wirklich nett von den Leuten, und der Kellner hat uns sogar noch ein Panache ausgegeben. Tja, es gibt eben solche, und solche Arten der Gattung „Mensch". Nach 4 Tagen kam der „Hafenmeister" freudestrahlend mit einem gefüttertem Briefumschlag zum Boot. Unser Ersatzteil war da, und eine halbe Stunde später lief unsere Maschine wieder. Da wir ja für eine Woche bezahlt hatten, und wir natürlich am nächsten Tag weiter wollten, haben wir Rudi gesagt, er solle doch bei uns Längsseits kommen, wir hätten ja noch zwei Tage gut. Hat er dann ja auch gemacht, so hatte er auch noch Strom und Wasser, und dem „Hafenmeister" war`s auch recht, jedenfalls hat er sich am nächsten Morgen richtig herzlich von uns verabschiedet. So hatten wir doch noch unseren Aufenthalt in Lyon!

An diesem Tag, den 08.07.03, durchfuhren wir auf der Rhone noch zwei Schleusen, die es dank Wind schräg von Achtern, gepaart mit unserem Aufbau, in sich hatten. Berufsschiffahrt gab es so gut wie gar nicht, war auch gut so, und sehr lange Wartezeiten vor den Schleusen hatten

14

wir eigentlich auch nicht. Um 15.45 Uhr machten wir in LES-ROCHES-DE-CONDRIEU, , ein Hafen ohne Strom und Wasser, fest. Unser Rudi kam, wie nun in jedem Hafen, kurze Zeit später an, und machte ebenfalls fest. Außer ein paar Deutschen, die in die entgegengesetzte Richtung wollten, und ein paar weiteren Deutschen, die aber schon am nächsten Tag recht früh weiterfuhren, hatte der Hafen nichts zu bieten. Somit ging unsere Reise auch am nächsten Tag weiter.

Am Mittwoch, den 09.07.03 legten wir um 11.00 Uhr ab, und fuhren auf der Rhone weiter. Nach dem Passieren von wiederum zwei Schleusen, mit den gleichen Windverhältnissen, machten wir um 16.00 Uhr die Leinen in TOURNON fest.

Dieses mal wieder ein gemütlicher Hafen, mit Strom und Wasser. Nach einem ausgedehnten Stadtbummel saßen wir noch zusammen mit Rudi bei uns an Bord, und schnackten noch `ne Menge dummes Zeug, wie meistens. Nachdem Rudi sich irgendwann verabschiedet hatte, erwartete uns noch völlig unerwartet ein nächtliches Ereignis besonderer Art: Wir sahen ein führerloses Motorboot langsam an uns vorbeitreiben. So eine Art Peniche. Hinten die Türe zum Wohnraum war offen, aber es war kein Mensch zu sehen. Mit Bootshaken und Leine bewaffnet stürmten wir an Land, wollten das Boot einfangen und festbinden. Rudi verschwand gerade in seinem Boot, und wir riefen ihm zu er solle mit seinem Wurfanker nachkommen, aber er wusste überhaupt nicht was los war, aber er kam angelaufen, ohne Wurfanker. Er meinte noch, nein, das Boot würde gefahren. Klar, sagten wir, so schräg, langsam treibend, und ohne Motor! Das Boot trieb ein paar Meter vom Ufer entlang, war aber mit dem Bootshaken nicht zu erreichen. Wir haben es dann mit der Leine, die wir in`s Cockpit warfen, versucht, aber sie verfing sich nirgendwo, leider. Mit einem Wurfanker wäre das kein Problem gewesen!?!? Immer in der Hoffnung, das Boot käme durch irgendwelche Umstände nur einmal etwas näher zum Ufer begleiteten wir das führerlose Gerät noch so einige hundert Meter weiter Flussabwärts. Manchmal verfing sich die Schraube, oder das Ruderblatt in den reichlich vorhandenen Schlinggewächsen der Rhone, aber unsere Hoffnung, das Boot würde so herumtreiben, das wir es mit unserem Bootshaken hätten erreichen können, erfüllte sich nicht. Nach ein paar Augenblicken kam das Boot auch immer wieder frei und trieb weiter. Kein Mensch weit und breit zu sehen, na ja, war ja auch mitten in der Nacht, und wer läuft da schon noch draußen rum, außer uns. Rudi war inzwischen wider umgekehrt, aber nicht um den Wurfanker zu holen. Unmittelbar vor der zweiten Brücke war vor der Flussverengung eine derartige Ansammlung von Schlinggewächsen, das sich das Boot so richtig darin verfing, und die unfreiwillige Fahrt erst einmal zu Ende war. Erreichen konnten wir das Boot immer noch nicht, beobachteten es aber noch eine ganze Weile. Wurde von den Pflanzen gut festgehalten, zum Glück des Bootseigners. Nach längerer Beobachtung sind wir dann zu unserem Schiff zurückgegangen. Vom Schiff aus konnten wir mit dem Fernglas das Abgetriebene Boot sehen, es lag noch genau an der gleichen Stelle vor der Brücke. Ein paar Stunden später, es war mittlerweile hell geworden, begann geschäftiges Treiben auf einer nahe gelegenen Slipanlage. Die Feuerwehr brachte ein Schlauchboot zu Wasser, und drei Feuerwehrleute machten sich auf dem Weg zu dem noch immer vor der Brücke, von Schlingpflanzen festgehaltenen, liegendem Boot. Sie brachten dann das Boot in den Hafen, und machten es unmittelbar vor uns fest. War also alles noch gut gegangen. Als wir unserem Rudi später erzählten, das die Feuerwehr das Boot hereingeholt hatte, meinte er, wenn wir den Wurfanker genommen hätten, hätten wir das Boot auch zurückholen können, richtig herzig unser Rudi, oder?

Am 10.07.03, um 11.00 Uhr legten wir dann in Tournon ab, und um 13.50 Uhr erreichten wir die Stadt VALENCE, deren Sportboothafen ein paar Kilometer außerhalb liegt. Wir machten fest, mussten einmal das Schiff verlegen, und ließen den Tag mit einem Spaziergang ausklingen, nachdem Ute mir noch die Haare geschnitten (fast Glatze) hatte. Einkaufsmöglichkeiten waren hier nicht so ohne weiteres zu erreichen, war auch nicht erforderlich. Sehr viel hatte der Hafen ansonsten nicht zu bieten.

Wir sind dann auch am Freitag, den 11.07.03 um 11.30 Uhr weiter gefahren, und um 17.45 Uhr machten wir in VIVIERS, ein paar Meter in einem Nebenarm der Rhone, fest. 3 Schleusen, und 57 Km hatten wir an diesem Tag hinter uns gebracht. Rudi kam auch ein wenig später, wollte abkürzen, und schon vor der Hafeneinfahrt zum Anlegesteg fahren, und saß prompt fest. Auf unser Zurufen hatte er `mal wieder nicht reagiert, hat wohl gedacht wir Jodeln. Na ja, er ist wieder freigekommen, und hat dann doch vorgezogen den richtigen Weg zu nehmen, man lernt ja nie aus! Der Anleger war gar nicht so schlecht, nur leider so ziemlich verbogen, Konstruktionsfehler. Viviers ist ein richtig altes, schönes Dorf, mit einer Burg, die alles überragt, und die es in sich hat. Die ganze Burg ist voller bewohnter alter Häuser und engen Gassen, die sich bis hoch oben zur eigentlichen Burg mit Burgplatz, und Türmen, schlängeln. Von oben hatten wir einen ganz tollen Ausblick über die ganze Gegend, und Blick auf den Hafen. Wir sind 2 Tage dort geblieben, und auch zwei mal auf der Burg gewesen. Genau betrachtet bestand der ganze Ort aus der Burg, mit ein paar Häusern und Strassen darum. Preisgünstig und auch relativ gut konnte man hier auch Essen und Trinken.

Nach 2 Tagen Müßiggang fuhren wir dann am Sonntag weiter, und zwar schon, man höre und staune, um 06.00 Uhr! Wir wollten bis AVIGNON fahren, war auch kein Problem. Nach ca. 2.5 Stunden Fahrt wurde die Stb-Maschine heiß, mit Folge einer durchgebrannten Zylinderkopfdichtung. Na ja, hatten wir ja auch schon immerhin ca. 1850 Km ohne defekter Kopfdichtung hinter uns gebracht, war schon recht erstaunlich. Aber was war passiert? Ich habe dann nachvollziehen können, das wieder einmal mehrere Dinge gleichzeitig eingetreten waren: die Maschine ist aus irgend einem undefinierbaren Grund zu warm geworden (das kommt bei meinem verzweigtem Kühlsystem so ab und zu `mal vor), die erhöhte Temperatur wurde nicht angezeigt, da der Temperaturfühler am Thermostatgehäuse sich als defekt erwies, und gleichzeitig vom Temperatur-Alarmgeber das Kabel gebrochen war. Pech, aber was soll`s!?! Um 14.00 Uhr kamen wir in Avignon an, aber es war, wie schon befürchtet, alles voll besetzt, aber am Ende des Hafens fanden wir dann doch noch eine genügend große Lücke zwischen zwei Penichen. Da in diese Lücke ohnehin keine weitere Peniche hätte anlegen können, machten wir dort fest, und um 14.15 Uhr stellte ich die Bb-Maschine ab. Wasser war dort vorhanden, aber kein Strom. Da ich die Stb-Maschine reparieren musste, brauchten wir auch Strom, ich wollte ja nicht so lange den Generator laufen lassen, und schon gar nicht bei der Hitze. Die Stromkästen an der Kaimauer befanden sich in einem katastrophalen Zustand, waren offen, und sicher schon ewig nicht mehr unter Strom. Zunächst bekamen wir Strom von einem netten Menschen auf einer belgischen Peniche, bis zum nächsten Tag, da fuhr er weiter, schade. Rudi war auch inzwischen angekommen, und lag bei uns Längsseits. Abends sind wir dann, ohne Rudi, der war kaputt, in die Stadt gegangen, und haben uns ein wenig umgesehen. Jede Menge Touri`s, fürchterlich! Am Hafen entdeckten wir einen riesigen Flohmarkt, oder so was ähnliches. Essen und Trinken konnte man da auch, war richtig schön, mal `was anderes. Wieder an Bord, Rudi war wieder so einigermaßen fit, haben wir noch `ne Runde gequasselt. Am nächsten Tag haben wir uns dann, unter zusammenstecken sämtlicher verfügbarer Kabel, Strom vom ersten erreichbaren Stromkasten im Hafen holen können. Die Reparatur der Stb-Maschine war dann für mich ja schon Routine, hat nur wegen der gewaltigen Hitze etwas länger als gewöhnlich gedauert.

Zur Belohnung gab es am Abend ein riesiges Feuerwerk. So etwas Tolles hatte ich bis dato noch nicht gesehen, und wir saßen auf unserer >ORION< auf der Flybridge, wie immer, „in der ersten Reihe". Das Feuerwerk dauerte ganz schön lange, und fand wohl im Hafen, wo der Flohmarkt gewesen war, statt. Wir hatten uns schon am späten Nachmittag gewundert, das bei uns Tausende von Menschen, mit Hockern und Klappstühlen bewaffnet, vorbei kamen. Nach dem Feuerwerk kamen dann alle wieder zurückgelatscht. War ganz toll!!

Am Dienstag haben wir noch einen „Gammeltag"
eingelegt. Gegen Mittag kam der Hafenkapitän mit einem
Boot, und wollte wissen, wie lange wir noch bleiben
wollten, das sei ein Platz für Penichen, und wir sollten
doch in den Hafen fahren. Wir haben ihm erklärt, die
Reparatur sei gerade beendet, und wir würden am
Mittwoch weiter fahren. Er meinte dann könnten wir
liegen bleiben, und wir brauchten auch nichts zu
bezahlen, und schon rauschte er wieder ab, Klasse!!
Am Mittwoch sind wir dann auch weiter geschippert, wie
versprochen, und kamen um 13.20 Uhr in
VALLABREGUES an. Das war vielleicht ein seltsamer
Hafen, klein und voll besetzt, d.h. es waren noch so
einige freie Liegeplätze vorhanden, aber quer vor der
Einfahrt lag eine Peniche, man kam also nicht in den
Bootshafen. Wir sind dann in ein daneben liegendes
kleines Hafenbecken, an dessen Innenseite eine große
Wohnpeniche lag, eingefahren, und haben Längsseits
festgemacht. Für Wasser und Strom kein Anschluss
vorhanden. Strommäßig habe ich daraufhin die Peniche
angezapft, Wasser hatten wir noch genug. Über die
Peniche turnend gelangten wir auch auf den Steg, und
durch ein Tor, von dem wir natürlich keinen Schlüssel
hatten, an Land. Das Tor konnte man von innen
aufmachen, aber von außen?? Na, irgendwie kommen wir
schon wieder rein! Erst einmal haben wir einen

Rundgang durch das recht gemütlich scheinende Dorf gemacht. Auch hier, wie überall in Frankreich, wird auf vielen Plätzen „Boccia" gespielt, ist ja wohl so eine Art Volkssport hier.

Am späten Nachmittag, wir waren wieder an Bord, nachdem wir das Tor überlistet hatten, wurde uns ein Schauspiel besonderer Art geboten: In der Ferne, ich saß auf der Flybridge, sah ich zwei große Wasserflugzeuge am Himmel. Nichts ahnend beobachtete ich die beiden Maschinen, die immer tiefer kamen, über der Rhone einschwenkten und so ziemlich direkt auf uns zukamen. Ein paar Meter über der Wasserfläche riss der Pilot des erstem Flugzeugs seine Wassertanks auf, und ein gewaltiger Wasserschwall klatschte in die Rhone. Dann gab der Pilot wieder Gas und zog die Maschine hoch, und flog weiter. Der zweite Flieger machte genau das Gleiche. Eine Kamera hatte ich natürlich so schnell auch nicht zur Hand, und hätte ich geahnt, was da noch kommen sollte, hätte ich sie schnell geholt, aber nichts da, schade! Die Flugzeuge flogen einen Bogen, und wieder Anflug auf den Hafen. Nacheinander setzten sie auf's Wasser auf, gaben Gas und starteten durch. Die Flieger waren so nah, das man die Piloten erkennen konnte, kannte ich aber nicht. Dann nahmen die beiden Maschinen Kurs auf die Heimat und entschwanden. War einfach toll, wann sieht man `mal so was, da muss man schon mit dem Boot unterwegs sein, da wird einem doch so allerhand geboten.

Abends sind wir dann noch mal mit Rudi, der inzwischen auch eingetroffen war, und bei uns Längsseits gegangen war, an Land gegangen, Panache trinken.

Am Donnerstag, den 17.07.03 haben wir um 12.30 Uhr den kleinen Hafen verlassen, und haben unser letztes

Stück der Rhone hinter uns gelassen. In Höhe FOURQUES sind wir dann in die „KLEINE RHONE" eingefahren. Schöne Fahrt, man muss nur auf treibende Büsche, Baumstämme und sonstiges Treibgut achten, aber rechts und links Natur, Wald. Kurz vor ST. GILLES durchfuhren wir die letzte Schleuse, die 249ste, unserer Reise. Nach Passieren der Schleuse kamen wir in den CANAL DU RHONE A SETE.

   Wir fuhren weiter nach GILLES und machten dort um 19.00 Uhr fest. Gilles hat einen langgezogenen Sportboothafen am Rande eines kleinen Ortes, ganz nett. Rudi ist nicht in den Hafen gefahren, er hat kurz vor Gilles an irgend einer „Grünen Kante" festgemacht. Wir sind am nächsten Tag noch in den Ort gegangen, und haben Benzin für unsern Außenborder und für unseren Generator geholt, musste ja auch `mal sein. Um 12.45 Uhr haben wir in Gilles abgelegt, und sind weiter in Richtung Mittelmeer, konnten wir schon riechen, gefahren. Unser Rudi tauchte auch wieder vor uns auf. Wir setzten uns vor ihn, er hatte keine Karte vom Kanal, und zockelten weiter. Wir hatten den Eindruck, je näher wir dem Mittelmeer kamen, um so langsamer wurde unser Rudi. So langsam konnte ich mit meinen beiden Maschinen gar nicht fahren, musste zeitweilig eine Maschine rausnehmen, seltsam. Wir wollten eigentlich bis SETE durchfahren, aber als wir um 18.30 Uhr in Höhe CARNON waren, beschlossen wir hier anzulegen, und den Rest am nächsten Tag hinter uns zu bringen. In einem Nebenarm, nach ein paar Metern, machten wir an Pfählen eines Stadtanlegers fest, und Rudi war froh, als er ebenfalls festgemacht hatte, war ja auch nicht so einfach, so alleine.

Wir sind noch am Abend durch die Stadt zum Mittelmeer gelaufen, und haben zum ersten mal auf unserer Reise das Mittelmeer gesehen!!! Hat sich gelohnt, der Fußmarsch, war auch gar nicht so weit. Konnten wir uns schon `mal ansehen, was uns ein paar Tage später erwartete.

Am nächsten Morgen, um 09.30 Uhr legten wir in Carnon ab und fuhren in Richtung SETE weiter. Von 11.30 Uhr bis 17.00 Uhr machten wir in FRONTIGNAN Pause. Die Brücke wurde erst am Nachmittag geöffnet, wir hatten also viel Zeit. Hier sollte, laut Rudi, ein LIDL-Markt sein. Auf unser Fragen hin, wurde uns auch gesagt, das da so was sei, aber so einige Km weit weg. Da diese Km-Angaben immer recht fragwürdig sind, zogen wir es dann vor, auf`s Einkaufen zu verzichten, und gingen wieder an Bord. Wieder an Bord zurück, stellten wir mit Verwunderung fest, das sich am Wasser so einiges tat: Leute liefen hin und her, Männer mit blauen, bzw. roten Hemden und weißen Hosen, große Ruderboote mit langen Auslegern am Heck, Tribüne, Bier, bzw. Weinstände usw.?? Der Grund war, hier, vor unseren Augen fand gleich das traditionelle „FISCHERSTECHEN" statt. Und wir saßen `mal wieder „in der ersten Reihe", auf unserer Flybridge!! Alles wurde angekündigt und kommentiert, natürlich auf französisch, und wir konnten `mal wieder nix verstehen,

aber was wir sahen, reichte auch aus ohne der
französischen Sprache mächtig zu sein. Zwei Boote, ein
rotes und ein blaues, wurden von jeweils 8 Männern
aufeinander zu gerudert, auf dem langen, hochgezogenen
Heckausleger stand jeweils ein Kämpfer in den Farben
Rot, bzw. Blau, mit Holzschild und einer langen
Holzlanze bewaffnet, und versuchten sich gegenseitig
beim aneinander vorbei fahren ins Wasser zu stoßen. Fiel
einer in`s Wasser, kam der nächste Kämpfer an der
Reihe, usw. War interessant und ganz schön spaßig. Wir
haben auch gefilmt.
Wie gesagt, um 17.00 Uhr wurde die Brücke über den
Kanal hochgezogen, und wir verließen das Schauspiel
und fuhren weiter. Eine Stunde später, nachdem wir den
CANAL DU RHONE A SETE, und auch ein Stück des
ETANG DE THAU hinter uns gelassen hatten, machten
wir vor der ersten Brücke in SETE fest, und warteten auf
die Brückenöffnung.

In Sete sind 5 bewegliche Brücken zu durchfahren, um
zum Außenhafen zu kommen. Die Brücken werden zwei
mal am Tag geöffnet, einmal am Vormittag, und einmal
gegen Abend. Wir erfuhren, das die Brückenöffnung um
19.15Uhr sei, also hatten wir bis dahin noch eine gute

Stunde Zeit. Um 19.15 Uhr ging`s dann weiter, und wir durchfuhren zügig die ersten 3 Brücken. Vor der vierten Brücke mussten wir, und auch die anderen Schiffe, die mit uns fuhren, ein wenig warten. Da war ein großes, nicht mehr benutztes Hafenbecken, also Platz genug. Es dauerte nicht lange, da ging die Brücke auf, und wir fuhren weiter. Die letzte Brücke war auch schon auf, und wir konnten ungehindert zum Außenhafen durchfahren. Wir wollten in dem dort befindlichen Yachthafen festmachen, war aber nix, der Hafenmeister kam mit seinem Boot angebrettert, und teilte uns mit, der Hafen sei voll, kein Platz mehr, nichts zu machen, und entschwand wieder, supertoll!!! Watt nu??? Richtung Südmauer war`s zu flach für uns, ging also nicht. Also erst einmal zurück Richtung Handelshafen. Rudi wollte unbedingt sein Glück an der Südmauer versuchen, hat aber dann doch eingesehen, da war nix zu machen. Inzwischen war es auch dunkel geworden. Wir sahen eine freie Pier vor einem Lotsenschiff, also hin und schauen, was zu machen ist. Da lief auch ein Mensch, war vom Lotsenschiff, rum, und den frugen wir, ob wir für eine Nacht hier festmachen könnten. No, das geht nicht, aber wir sollten auf Kanal 12 den Hafenkapitän anfunken, der würde uns sicher weiterhelfen. Danke, und gefunkt. Der Hafenkapitän meldete sich, und frug was unser Problem sei. Ich erklärte ihm, das der Yachthafen voll sei, und wir einen Liegeplatz für die Nacht suchten, die Brücken würden ja erst am nächsten Tag wieder öffnen. Er verstand, und sagt das wir einen Moment warten sollten, da käme gerade ein großes Fährschiff aus dem Hafen. Danach sollten wir nach links in das dortige Hafenbecken fahren und hinter dem dort liegenden Fischereiforschungsschiff festmachen. So war`s dann auch, genau wie er gesagt hat, hat wunderbar geklappt, wir waren fest. Zwischen Forschungsschiff und uns lag noch ein Schiff, ein französisches Segelschiff. Der Skipper kam ganz aufgeregt, und ganz schlau an, und meinte, morgen früh um 06.00Uhr käme ein großes Schiff, und dann müssten wir weg sein. Aha, schauen wir `mal. Wir haben Rudi dann per Handy herdirigiert, und sind dann zur Hafenmeisterei gelaufen, um zu fragen was nun Sache sei. Ich gab mich zu erkennen, und der Hafenkapitän erinnerte sich an unser Funkgespräch, und sagte das wäre schon in Ordnung, er erwarte für den nächsten Tag (Sonntag) kein Schiff, war keines gemeldet. Der segelnde Franzose war zwar am nächsten Morgen weg, aber dafür lag dort ein anderer Franzose.

Mit Rudi zusammen beschlossen wir, am nächsten Vormittag, wenn die Brücken wieder öffneten, zu diesem unbenutzten Hafenbecken zu fahren. Dort könnten wir dann in Ruhe den Mast von Rudi`s Boot stellen. Wir hätten weiterfahren können, aber wir hatten Rudi versprochen, ihm beim Mastsetzen zu helfen, und außerdem hatten wir ja viel Zeit, eigentlich waren wir schon viel zu weit, hatten wir eigentlich gar nicht vor, schon so weit zu sein.

Wie dem auch sei, am nächsten Tag sind wir zurück in das unbenutzte Hafenbecken gefahren. Strom und Wasser gab`s da zwar nicht, aber zu Mastsetzen war`s da ideal. Rudi tätigte die Vorarbeiten, und dann haben wir gemeinsam den Mast aufgestellt, kein Problem. Da wo wir lagen, gab es einen Nachteil: jede Menge Zigeuner mit ihren Wohnwagen, war zwar nicht weiter schlimm, aber Übernachten wollten wir dort doch nicht so gerne. Also, während Rudi seine Stage und Wanten, und was weiß ich noch alles, festmachte, schauten wir uns `mal

27

auf der anderen Seite des Hafenbeckens um, ob man dort besser liegen könnte. Erst kam eine lange, leere, mit ein paar Anglern besetzte Pier. Dann kamen ein paar Bootsreparaturbetriebe bzw. Werkstätten. Es war zwar Sonntag, aber die Türe der ersten Werkstatt war offen, und da haben wir auch den Chef der Werkstatt angetroffen, der war am Basteln. Da wir gesehen hatten, das an seiner Pier noch Platz war, sprachen wir ihn an, und frugen, ob wir für eine, oder zwei Nächte oder Tage bei ihm festmachen könnten, wir lägen so schräg gegenüber, und da wäre es uns nicht so ganz geheuer. Er verstand anscheinend, und zu unserer Überraschung sagte er, das ginge in Ordnung. Er bejate auch die Frage nach Strom und Wasser. Ich sagte ihm, wir kämen mit zwei Booten, aber auch das sei in Ordnung. Als er uns dann noch den Preis für beide Schiffe mit 12.00€ bezifferte, dachten wir, wir hätten das große Los gezogen. Wir bezweifelten so langsam, das er auch alles richtig verstanden hatte, aber alles war so, alles richtig, super! Wir müssten am Montag früh um 08.00 Uhr bis Nachmittags die Schiffe verlegen, könnten dann aber wider bei ihm festmachen. Er müsse am Montag ein paar Boote Kranen. Kein Problem, alles klar, bestens. Und wir hatten in Sete einen Liegeplatz mit Strom und Wasser, und ganz in Stadtnähe. Was wollten wir mehr!?!?
Die „Kanal-Bücher" und Karten konnten wir ja nun auch verstauen, brauchten wir nun nicht mehr. Übrigens, die Unterlagen über die französischen Gewässer lassen doch sehr zu wünschen übrig, da sind Häfen aufgeführt, die noch gar nicht da sind, und andere stehen , wahrscheinlich als Ausgleich, gar nicht in diesen seltsamen Gewässerkarten. Na ja, mit den Angaben über Hafeneinrichtungen verhält es sich nicht anders,

unzuverlässig. Da waren jede Menge Sehenswürdigkeiten beschrieben, auch so etliche die weiter weg lagen, und auch diverse geschichtliche und kulinarische Besonderheiten waren in diesen Gewässerführern aufgeführt. Alles schön und gut, uns wären jedoch exaktere und detailliertere, dem Wassersport dienlichere, Angaben weitaus lieber gewesen. Wir haben diverse Mitstreiter getroffen, die auch nicht gerade gut auf diese Dinger zu sprechen waren. Wir hatten ältere Unterlagen, ca. 20 Jahre alt, die waren teilweise besser, haben uns aber extra in Pont-a-Bar für recht viel Geld mit den neuesten Ausgaben versorgt, aber was soll`s, wir sind ja gut in Sete angekommen, und hatten nun das Mittelmeer vor uns, mit vernünftigen Seekarten.

Am späten Nachmittag, also am Sonntag, den 20.07.03 haben wir verholt, und an der Pier der Werkstatt festgemacht, und dann, ja, dann haben wir es uns ganz einfach gut gehen lassen!!! Wir wollten ja ohnehin ein paar Tage in Sete bleiben, wir wollten unserem Rudi noch ein wenig Hilfestellung geben, bei Bedarf. Der Bedarf trat dann auch prompt ein, erneutes „Mastlegen, und wieder stellen". Reine Übungssache. Durch ein Missgeschick und schwankende Decksplanken, hervorgerufen von so ein paar halbgaren Hirnies, die meinten im Hafengebiet Rennen fahren zu müssen, war ein Fall durchgerauscht. Nützte also nix, der Mast musste wieder runter, war aber schnell erledigt. Rudi hat dann sein Schiff so langsam weiter Seeklar gemacht, und wir haben uns ein wenig umgesehen, und nicht nur in der Stadt, nein natürlich auch im Hafen. Unmittelbar hinter uns lagen an der Pier drei ausrangierte Fischkutter, so ca. 20 m lang, sehr schöne Holzrümpfe. Meine Neugier wurde ganz gewaltig in Gang gebracht, Fischkutter sind nämlich durchweg gute Seeschiffe. Die Schiffsrümpfe machten bei allen dreien einen recht soliden Eindruck, die Aufbauten waren jedoch recht reparaturbedürftig. Da ich nicht wusste, ob man sich die Dinger ansehen konnte, bin ich abends, nach Feierabend, als keiner mehr da war, mit einer starken Lampe bewaffnet auf dem ersten Fischkutter an Bord gestiegen, und habe mich da `mal umgesehen. Mich interessierte natürlich in erster Linie der Maschinenraum, was da noch an Technik vorhanden war, und wie das Schiff unter Deck aussah. Die Luke zum Maschinenraum war offen, und ich konnte über eine, etwas marode Leiter nach unten steigen. Stand da unten sage und schreibe ein richtig gut aussehender 12-Zylinder Schiffsdiesel, anscheinend noch gar nicht so alt. Es juckte mir in den Fingern das Ding zu starten, ging natürlich ohne Pressluft nicht, und ich konnte so auf Anhieb auch nicht sagen, ob überhaupt noch alles funktionierte, wie Einspritzpumpe, Einspritzventile, Nebenaggregate usw. Diesel war noch in den Tanks, aber Öl?? Ich habe mich noch weiter umgesehen. Da war auch noch ein 6-Zylinder DEUTZ-Diesel, luftgekühlt. Sah noch genau so gut aus, aber wie gesagt, ich wusste nicht was noch alles funktionierte. Was ich dann so noch unter Deck sah, machte alles einen recht soliden Eindruck, oberflächlich betrachtet. Wieder an Deck, schaute ich noch in`s Ruderhaus, da war aber fast alles demontiert, und man musste leider aufpassen wohin man trat, nicht weil die Decksplanken marode waren, nein, weil so einige blöde, schweinische Angler ihr Geschäft überall erledigt hatten. Der zweite Fischkutter sah sicher nicht viel anders aus, konnte ich leider nicht einsteigen, war alles verriegelt und zugeschraubt, aber was man so sehen konnte, war auch nicht schlecht.

Der dritte Kutter war etwas kleiner, so 18 m, und hatte eine kleinere Maschine, die aber auch relativ gut aussah. Der Hilfsdiesel befand sich hier in einem Raum an Deck. Ich beschloss am nächsten Tag unseren Gastgeber, den Besitzer der Werkstatt, zu fragen was mit den Fischkuttern passiert. Ich war 'mal wieder restlos begeistert, und Ute frug mich, als ich endlich wieder bei uns an Bord kam, ob da eventuell ein Problem auf uns zu käme, wenn ich so ein Ding günstig schießen könne. Ich enthielt mich erst einmal der Stimme in dieser Richtung, aber ich glaube ich habe ihr gar fürchterlich was vorgeschwärmt. Wir haben uns daraufhin auch noch gemeinsam die Kutter angesehen, und Ute war dann auch ganz schön begeistert, siehs`te!!

Am nächsten Tag habe ich dann unseren Gastgeber genervt, und habe versucht etwas über die drei Fischkutter und deren Verbleib zu erfahren. War gar nicht so einfach, bei der Sprachbarriere, etwas brauchbares auf die Reihe zu bekommen. Wenn ich ihn richtig verstanden habe, hat die Fischereigenossenschaft, oder so 'was ähnliches, die Lizenzen für diese Kutter auf Neuanschaffungen übertragen, und diese Kutter aus dem Verkehr gezogen, dürfen nicht mehr für den gewerblichen Fischfang betrieben werden, und dürfen auch nicht verkauft werden. Verstand ich zwar nicht, habe aber auch nichts anderes herausbekommen. Er konnte mir somit auch keinen Preis nennen. Die Kutter würden so lange dort liegen bleiben, bis sie abgewrakt werden, oder absaufen. Kann ich mir beim besten Willen nicht vorstellen, aber wer weiß?? Ich könne mir die Kutter aber ansehen, solange ich wollte, er hatte nichts dagegen. Wir hätten wegen der Sprachschwierigkeiten sicherlich `mal wieder meine Tochter Ariane einschalten können, aber insgeheim hatte ich dann doch die Befürchtung, das wir uns dann doch noch ein Problem, und zwar ein recht großes, einhandeln könnten. Fischkutter haben eben schöne Rümpfe, zu mindesten die Älteren, aus Holz!!

Ganz in der Nähe von unserem Liegeplatz haben wir auch, durch Zufall, einen nagelneuen, supergünstigen NETTO-Markt entdeckt, in dem wir dann am letzten Tag unseres 9- tägigen Aufenthaltes in Sete unser Schiff für die letzte Etappe, das Mittelmeer, ausrüsteten.

Am Dienstag, den 29.07.03 um 10.00 Uhr haben wir in Sete die Leinen losgemacht und sind in`s Mittelmeer eingefahren. Unser Tagesziel war AGDE, 19 Meilen entfernt, wo wir um 13.50 Uhr anlegten.

Am nächsten Morgen haben wir in Agde noch 480 Liter Diesel gebunkert und sind dann um 10.30 Uhr wieder aus dem Hafen gefahren. Rudi, der auch in Agde übernachtet hatte, war schon wieder unterwegs. Unser nächstes gemeinsames Ziel war das 35 Meilen entfernte PORT LEUCATE. Wetter war gut, Viel Sonne, Wind so 2-3, später auch 4 Bft. Als wir in Port Leucate um 16.30 Uhr anlegten ging`s schon auf etwa 5 zu. Der Wind nahm stetig zu, und wir legten notgedrungen einen Ruhetag ein. Rudi hatte im Stadthafen, `mal wieder ohne Strom und Wasser, festgemacht, und hat uns zum Essen an Bord eingeladen, kochen kann der Bursche, alles was Recht ist!! So günstig wie in den Flüssen und Kanälen in Frankreich die Liegegebühren waren, um so teurer wird`s in den Mittelmeerhäfen. In Port Leucate 26.00€ für eine Nacht liegen, mit Strom und Wasser. Als wir für die zweite Nacht bezahlen wollten, haben die Damen im Hafenbüro einfach nichts begriffen, und wir konnten einfach für die zweite Nacht kein Geld los werden, auch gut.

Am Freitag, den 01.08.03 um 10.30 Uhr haben wir in Port Leucate abgelegt, und weiter ging die Reise in Richtung Süden. An diesem Tag überquerten wir die französisch/spanische Grenze, und waren um 16.00 Uhr fest in LLANCA, dem ersten spanischen Hafen. Nachdem wir 43.00€ losgeworden waren, durften wir den ersten Abend in einem sehr schönen spanischen Hafen verbringen, und außerdem war das mein erster Abend als Rentner, und das in unserem Zielland Spanien. Wenn das kein gutes Zeichen ist!?!?! Rudi war auch inzwischen eingetroffen, und nach einem Stadtbummel verbrachten wir einen richtig schönen Abend.

Am 02.08.03 um 11.00 Uhr legten wir ab, und nahmen Kurs auf das 26 Meilen entfernte LA ESCALA, dem teuersten Hafen unserer ganzen Reise, 48.00€ Liegegebühren für eine Nacht. Wir haben uns natürlich nicht lange aufgehalten, und sind am nächsten Tag um 10.15 Uhr weiter gefahren. Um 15.45 Uhr legten wir in ST. FELIU DE GUIXOLS, dem lautesten Hafen unserer Reise, an, und das für 35.00€. Gegenüber auf der anderen Hafenseite war Fete angesagt, und am Abend setzte die „Musik" ein, und dröhnte ohrenbetäubend über den Hafen, und das bis so ca. 05.00 Uhr morgens, richtig toll. Am nächsten Morgen um ca. 08.00 Uhr sollten wir wieder losmachen und weiterfahren, weil auf der Pier irgendwas aufgebaut würde, also machten wir am Montag, den 04.08.03 um 08.30 Uhr los, und schipperten 63 Meilen weiter in Richtung Mar Menor und machten um 19.45 Uhr in PORT GINESTA, der erste Hafen hinter Barcelona, unsere Leinen fest.

Port Ginesta ist ein Absprunghafen für die Überfahrt zu den Balearen. Von hier aus wollte auch unser Rudi den Alleingang in Richtung Mallorca wagen. Wir haben hier im Hafen dann einen Tag auf Rudi gewartet, wollten uns doch gebührend von ihm verabschieden. Im MAR MENOR wollten wir uns dann in so ein paar Wochen wieder treffen. Rudi wollte dort nach Möglichkeit Überwintern, und sein Schiff so richtig auf Vordermann bringen. Schauen wir `mal. Am Mittwoch, den 06.08.03 um 10.30 Uhr haben wir dann in Port Ginesta abgelegt, und sind, wieder ohne unseren Rudi, weiter gefahren. Nach 43 Meilen erreichten wir CAMBRILS, wo wir um 18.00 Uhr unsere >ORION< festmachten. Wir hatten Glück, das Wetter hat es richtig gut mit uns gemeint, und wir wollten die supergute Wetterlage auch ausnutzen, und sind somit auch am nächsten Tag um 10.30 Uhr 46 Meilen weiter gefahren, und legten um 18.30 Uhr im Yachthafen von ALCANAR an. Weiter die gute Wetterlage ausnutzend, legten wir am 08.08.03 um 10.15 in Alcanar ab, und erreichten unser Tagesziel, OROPESA DEL MAR, und stellten um 16.00 Uhr die Maschinen ab. Am nächsten Vormittag, nachdem wir in Oropesa del Mar noch 400 Liter Diesel gebunkert hatten, machten wir um 10.40 Uhr die Leinen los, und weiter ging`s, immer unserem Ziel entgegen. 37 Meilen weiter südlich kamen wir um 17.00 Uhr in FARNALS an, und machten unser Schiff fest. Hier konnten wir `mal zum „NULL-TARIF" liegen. Wir waren so einige Male am Hafenbüro, aber es war nie jemand da, und die Marineros wollten mit der Bezahlerei nichts zu tun haben, auch gut! Der Hafen hatte auch nichts zu bieten. Am Sonntag, den 10.08.03 haben wir um 10.10 Uhr den Hafen verlassen, und sind zum 40 Meilen entfernte OLIVA gefahren, und machten dort um 16.45 Uhr fest. Der Hafen hat uns sehr gut gefallen, und wir wären auch noch einen Tag geblieben, aber wir wollten die günstige Wetterlage nutzen. Am Abend haben wir noch einen Bummel über einen ganz tollen Markt, in unmittelbarer Hafennähe, unternommen, bevor wir wieder einen schönen Tag abschlossen. Am

Montagmorgen, um 07.45 Uhr starteten wir unsere beiden Diesel und verließen den kleinen, gemütlichen Yachthafen von Oliva und fuhren bei schönstem Sonnenschein, kaum Wind, aber hoher Dünung, mächtig schaukelnd weiter in Richtung Altea. Als wir nach 44 Meilen den Yachthafen von Altea erreichten, erlebten wir zum ersten mal, das wir keinen Liegeplatz bekommen konnten, der Hafen sei voll, wurde uns vom Hafenkapitän mitgeteilt. Blieb uns also nichts anderes übrig als einen anderen Hafen anzulaufen. Ein paar Meilen zurück, in der gleichen Bucht liegt der Chicki-Micki-Yachthafen von CAMPOMANES, in dem wir einen Platz für eine Übernachtung bekamen. OK. Länger wollten wir ja ohnehin nicht bleiben. Nach einem Hafenbummel, einem gemütlichem Essen in einem Restaurant, und ein paar Charly`s an Bord, und 40.00€ Liegegebühr, war auch dieser Tag zu Ende. Am nächsten Morgen wollten wir dann auch weiter fahren, um die nächsten 39 Meilen unserer Reise in`s MAR MENOR auf hoher Dünung abzureiten, war aber zunächst nix! Ich war wiedermal zu schnell, hatte die Mooringleinen losgeworfen, Ute hatte vorne los gemacht, und ich, beide Maschinen rückwärts......Peng, Knall, und Bums, Mooringleine im Bb-Propeller, und das im vorletzten Hafen vor unserem Ziel, Mahlzeit! Erst `mal alles abgestellt und Schiff wieder fest gemacht, was nun?? Ute ist denn `mal wieder `rein ins Wasser, und schauen was zu machen ist. Ist wohl nicht ganz so schlimm, meinte sie nach dem auftauchen. Wir haben die Mooringleine hochgeholt, und durchgeschnitten. Ute hat dann mit mehreren Tauchgängen die Leine vom Propeller gewickelt. Als wir die Mooringleine wieder zusammengeknotet hatten, war es mittlerweile 11.30 Uhr geworden, als wir dann ein gelungenes Ablegemanöver fahren konnten. Wir verließen den Yachthafen von Campomanes und fuhren bei schönstem Sonnenschein, kaum Wind, aber jede menge Dünung und somit auch jede menge Schaukelei, zum 39 Meilen entfernt liegenden Yachthafen von SANTA POLA.

Beide Maschinen hatten ja nun schon seid Avignon einwandfrei gelaufen (ist doch eigentlich erstaunlich, oder??), aber so ein kleiner Dämpfer musste ja am vorletzten Tag unserer Reise noch kommen: Nach ca. 2 Meilen hinter Campomanes wurde die Bb-Maschine heiß, Keilriemen gerissen, Pech. Aber Keilriemenwechsel ist ja auch keine große Tat, nur auf See, bei hoher Dünung mit viel Schaukelei und bei heißer Maschine, doch nicht so ganz ohne. Aber auch das haben wir mit Bravour und ein paar Verbrennungen überstanden. Da ja bei uns an Bord eigentlich nie eine Sache alleine auftritt, wunderten wir uns auch gar nicht, das auch noch eine Bilgepumpe und auch noch die Druckwasserpumpe ausfiel. War aber nicht so tragisch, Eine (sogar zwei) Reserve-Druckwasserpumpe hatten wir an Bord, und der Ausfall der Bilgepumpe war auch kein Beinbruch. Um 18.30 Uhr kamen wir in SANTA POLA an und machten fest. Gegen Abend unternahmen wir einen ausgiebigen Stadtbummel. Viele Touristen, wie in allen Mittelmeerhäfen, aber sonst ein recht ansprechender Ort.

Die Druckwasserpumpe habe ich noch am Abend gewechselt, und die Bilgepumpe am nächsten Morgen, und somit lief alles wieder, und wir nahmen um 12.30 Uhr, am Mittwoch, den 13.08.03 Kurs auf LOS NIETOS, im Mar Menor, um die letzten 39 Meilen, bei herrlichsten Sonnenschein, kaum Wind, aber wieder mal hoher Dünung, also mit viel Geschaukel, hinter uns zu bringen. Wir näherten uns mit 6 Knoten Fahrt und viel Geschaukel der ISLA GROSA. Schon seid einigen Stunden hatten wir Funkkontakt mit unseren Freunden Monika und Jürgen, die uns schon erwarteten. Die beiden kamen uns dann auch mit ihrer >ALBORAN< entgegen, kamen trotz Seegang im Affentempo angerauscht. War das eine Freude. Die Beiden hatten unsere Reise per SMS und Telefon mitverfolgt, und waren richtig froh, das wir nun endlich wohlbehalten unser Ziel erreicht hatten. Tja, dann kam nur noch die Einfahrt in`s Mar Menor, am Yachthafen TOMAS MAESTRE vorbei, Kurs auf Los Nietos, und zwischen Rot und Grün durch die Einfahrt in den Hafen. Mal sehen ob unser Liegeplatz, wie versprochen, frei ist, war frei!! Das heißt, auf Platz Nr. 428, der uns gehörte, lag ein Schulschiff, konnte von dort besser Manövrieren, und der Platz Nr. 424, der zum Schulschiff gehörte, war frei. Wir haben dann auch vereinbart, die Plätze so zu tauschen, also alles Paletti!!
Um 19.30 Uhr waren wir fest in unserer neuen Heimat, in
L O S – N I E T O S , CLUB NAUTICO.

38

Wir hatten eine lange, schöne, unvergessliche Reise (Hochzeitsreise) hinter uns. Nach 106 Tagen, davon 64 Fahrtage, mit 249 Schleusen, und 3014 Km bzw. 1627.4 Seemeilen, sind wir mit relativ wenig Zwischenfällen am Ziel angelangt. Die Maschinen haben auf dieser Fahrt 2973 Liter Diesel verbrannt, und die Liegegebühren beliefen sich auf 885.00€.
Wir würden diese Reise auch noch `mal machen, aber nur in gleicher Richtung!!!

In Spanien angekommen